100 Trésors de l'Islam

Principes du Coran & de la Sunna pour une vie meilleure

Samir Doudouch

Table des matières

Avant-Propos

Au Nom d'Allah, Le Tout-Miséricordieux,
Le Très-Miséricordieux

Ce livre a pour but d'aider les musulmans à améliorer leur vie. C'est pourquoi il énumère 100 principes tirés du Coran et de la Sunna.

Pour une meilleure lecture, ces principes ont été classés en 5 catégories composant la vie du musulman :

- Foi & Spiritualité ;
- Santé & Hygiène ;
- Psychologie ;
- Famille & Relations ;
- Finances.

Ces principes sont tous tirés de l'Islam. Vous pouvez donc être sûrs, chers lecteurs, que si vous les implémentez dans votre vie, celle-ci s'améliorera sans l'ombre d'un doute.

Je demande à Allah qu'Il fasse que ce modeste travail profite à son auteur et à son lecteur. Allah nous suffit et Il est notre meilleur garant.

Louange à Allah, Seigneur des Mondes, et que la Prière et la Paix d'Allah soient sur notre Prophète Muhammad, sur sa famille et ses Compagnons.

Samir Doudouch.

Votre livre gratuit

Pour vous remercier de votre achat, nous souhaitons vous offrir une copie gratuite en version PDF de notre livre :

« La Guérison des Âmes »

Accédez à la page ci-dessous pour l'obtenir : https://www.muslimlife.fr/guerison-des-ames-offert/

Bonne lecture !

L'équipe de MuslimLife.

Chapitre 1

Foi & Spiritualité

1. N'adorer qu'Allah

« Sache donc qu'en vérité, il n'y a de divinité (digne d'adoration) qu'Allah. »[1]

« C'est ainsi qu'Allah est Lui le Vrai, alors que ce qu'ils invoquent en dehors de Lui est le faux ; c'est Allah qui est le Sublime, le Grand. »[2]

« Alif, Lam, Ra. C'est un Livre dont les versets sont parfaits en style et en sens, émanant d'un Sage, Parfaitement Connaisseur. N'adorez qu'Allah. Moi, je suis pour vous, de Sa part, un avertisseur et un annonciateur. »[3]

« Nous avons déjà envoyé Noé à son peuple : « Je suis pour vous un avertisseur explicite afin que vous n'adoriez qu'Allah. Je crains pour vous le châtiment d'un jour douloureux. » »[4]

« Et rappelle-toi le frère des 'Âd quand il avertit son peuple à Al-Ahqaf - alors qu'avant et après lui, des avertisseurs sont passés - [en disant] : « N'adorez qu'Allah. Je crains pour vous le châtiment d'un jour terrible. » »[5]

« Adorez Allah et ne Lui donnez aucun associé. »[6]

« Adore donc Allah en Lui vouant un culte exclusif. »[7]

---

1. Sourate Muhammad, verset 19
2. Sourate Al-Hajj, verset 62
3. Sourate Hûd, versets 1-2
4. Sourate Hûd, versets 25-26
5. Sourate Al-Ahqaf, verset 21
6. Sourate An-Nissa, verset 36
7. Sourate Az-Zumar, verset 2

« Le bon chemin s'est distingué de l'égarement. Donc, quiconque mécroit aux fausses divinités tandis qu'il croit en Allah saisit l'anse la plus solide, qui ne peut se briser. Et Allah est Audient et Omniscient. »[1]

<u>Précisions :</u>

Le monothéisme est le principe le plus important en Islam. Il est tiré de l'attestation de foi, le premier pilier de l'Islam. En effet, le sens de « Lâ ilâha illa Allah » est le suivant : « Il n'y a de divinité digne d'adoration qu'Allah, et si autre qu'Allah est adoré, cette adoration est alors vaine. »

---

1   Sourate Al-Baqarah, verset 256

2. Suivre le Prophète Muhammad (paix sur lui)

« Il n'appartient pas à un croyant ou une croyante, une fois qu'Allah et Son Messager ont décidé d'une chose, d'avoir encore le choix dans leur façon d'agir. Et quiconque désobéit à Allah et à Son Messager, s'est égaré certes, d'un égarement évident. »[1]

« Les vrais croyants sont seulement ceux qui croient en Allah et en Son Messager, et qui par la suite ne doutent point. »[2]

« Dis : « Si vous aimez vraiment Allah, suivez-moi, Allah vous aimera alors et vous pardonnera vos péchés. Allah est Pardonneur et Miséricordieux. » »[3]

« Prenez ce que le Messager vous donne ; et ce qu'il vous interdit, délaissez-le. »[4]

« Ô vous qui avez cru ! Ne devancez pas Allah et Son messager. Et craignez Allah. Allah est Audient et Omniscient. »[5]

D'après Anas Ibn Mâlik, le Prophète (paix sur lui) a dit :
« Aucun de vous ne sera complètement croyant tant que je ne lui serai pas plus cher que son père, ses enfants et tous les gens. »[6]

---

1   Sourate Al-Ahzab, verset 36
2   Sourate Al-Hujurat, verset 15
3   Sourate Al-'Imran, verset 31
4   Sourate Al-Hashr, verset 7
5   Sourate Al-Hujurat, verset 1
6   Rapporté par Al-Bukhârî et Muslim

<u>Précisions :</u>

Le suivi du Prophète (paix sur lui) est un principe majeur en Islam. Il est tiré de l'attestation de foi qui est le premier pilier de l'Islam. En effet, le sens de « Muhammad Rasûl Allah » est : « Nul n'est digne d'être suivi en dehors du Messager d'Allah. Et toute personne suivie sans preuves en dehors du Messager d'Allah (paix sur lui) est alors suivie en vain. »

Le mot Sunna est un terme qui revient souvent lorsque l'on parle de l'Islam. On parle également de musulmans sunnites. Il est donc important de comprendre la portée et la signification de ce mot. La Sunna englobe ce sur quoi était le Messager d'Allah (paix sur lui) au niveau de la croyance, des paroles et des actes et de la modération. De manière plus simple et générale, on retiendra que la Sunna est la Tradition du Prophète (paix sur lui), sa conduite de vie. Elle explique le Coran. En effet, nous apprenons par exemple dans le Coran que les musulmans doivent prier. Mais c'est à travers la Sunna du Prophète (paix sur lui) que nous découvrons de quelle manière nous devons prier (gestes, invocations, etc.).

Le terme « hadith » est également un mot à connaître. Il s'agit des textes à travers lesquels la Sunna du Prophète (paix sur lui) a été communiquée.

3. Apprendre l'Islam

« Parmi Ses serviteurs, seuls les savants craignent Allah. »[1]

« Et Allah vous a fait sortir des ventres de vos mères, dénués de tout savoir. »[2]

« Allah atteste, ainsi que les Anges et les doués de science, qu'il n'y a point de divinité à part Lui, le Mainteneur de la justice. Point de divinité à part Lui, le Puissant, le Sage ! »[3]

« [...] Allah élèvera en degrés ceux d'entre vous qui auront cru et ceux qui auront reçu le savoir. Allah est Parfaitement Connaisseur de ce que vous faites. »[4]

Le Prophète (paix sur lui) a dit :
« Quand l'homme vient à mourir, ses œuvres cessent à l'exclusion de trois d'entre elles : une aumône dont le profit demeure, un savoir dont les fruits sont encore perceptibles, un enfant pieux qui invoque Allah en sa faveur. »[5]

Le Prophète (paix sur lui) a dit :
« Celui qui emprunte un chemin par lequel il recherche un savoir, Allah lui fait prendre par cela un chemin vers le Paradis. Certes, les anges tendent leurs ailes par agrément pour celui qui recherche le savoir. Certes, tous ceux qui sont dans les cieux et la terre, même les poissons dans l'eau, demandent pardon pour le savant. Le mérite du savant par rapport à l'adorateur est comme le

---

1   Sourate Al-Fâtir, verset 28
2   Sourate An-Nahl, verset 78
3   Sourate La Famille de 'Imran, verset 18
4   Sourate Al-Mujadalah, verset 11
5   Rapporté par Al-Bukhârî

mérite de la lune, la nuit où elle est pleine, par rapport aux étoiles. Et certes les savants sont les héritiers des prophètes, et les prophètes n'ont pas laissé comme héritage des dinars ou des dirhams, mais ils ont laissé comme héritage le savoir, celui qui la prend aura certes pris la part complète. »[1]

Le Prophète (paix sur lui) a dit :
« Celui à qui Allah veut du bien, Il lui accorde la compréhension juste de la religion. Mon rôle se borne à partager et c'est Allah qui pourvoit. Cette communauté ne cessera d'être ferme et droite dans sa mise en évidence de l'ordre d'Allah, sans se soucier de ses opposants jusqu'au jour où la décision d'Allah sera exécutée. »[2]

Le Prophète (paix sur lui) a dit :
« Celui qui parcourt un chemin à la recherche du Savoir, Allah lui facilite un chemin vers le Paradis. »[3]

Précisions :

Certains savants considèrent que la meilleure chose à laquelle une personne peut passer sa vie, donner de son temps et de son souffle est l'étude du savoir islamique.

---

1   Authentifié par Al-Albani
2   Rapporté par Al-Bukhârî
3   Rapporté par Muslim

4. Réciter le Coran

Le Prophète (paix sur lui) a dit :
« Récitez le Coran, car le jour de la Résurrection, il viendra intercéder en faveur de ses lecteurs assidus. »[1]

Le Prophète (paix sur lui) a dit :
« Celui qui excelle dans la récitation du Coran sera avec les nobles anges messagers obéissants. Quant à celui qui, malgré ses difficultés, le récite en hésitant aura une double récompense. »[2]

Le Prophète (paix sur lui) a dit :
« Le croyant qui récite le Coran est comparable à un citron : son odeur est agréable et sa saveur, suave. Le croyant qui ne récite pas le Coran est comparable à une datte qui est sans odeur mais dont la saveur est douce. L'hypocrite qui récite le Coran est comparable au basilic dont le parfum est agréable mais le goût, amer. Quant à l'hypocrite qui ne récite pas le Coran, il est comparable à la coloquinte qui est inodore et dont le goût est amer. »[3]

Le Prophète (paix sur lui) a dit :
« La jalousie n'est permise que dans deux cas : un homme auquel Allah a accordé la connaissance du Coran et qui le récite en prière aux heures de la nuit et du jour, et un homme auquel Allah a fait don de richesses et qui les dépense aux heures de la nuit et du jour. »[4]

Al-Bara Ibn 'Azib rapporte :
« Un homme récitait la sourate al-Kahf. Son cheval était atta-

---

1   Rapporté par Muslim
2   Rapporté par Al-Bukhârî et Muslim
3   Rapporté par Al-Bukhârî et Muslim
4   Rapporté par Al-Bukhârî et Muslim

ché par deux cordes, près de lui. C'est alors qu'un nuage l'enveloppa de son ombre et se rapprocha tant qu'il fit fuir son cheval. Le lendemain matin, l'homme alla trouver le Prophète (paix sur lui) et lui raconta l'incident. Le Prophète (paix sur lui) lui dit alors : « C'est la sérénité qui est descendue par [la récitation du] Coran. »[1]

1   Rapporté par Al-Bukhârî et Muslim

5. Invoquer Allah

« Il invoqua donc Son Seigneur : « Moi, je suis vaincu. Fais triompher Ta cause ! » »[1]

« N'invoque donc pas une autre divinité avec Allah. »[2]

« Et n'invoque pas en dehors d'Allah, ce qui ne peut ni te profiter ni te nuire. »[3]

« Là, leur invocation sera : « Gloire à Toi, Ô Allah. » »[4]

On rapporte que le Prophète (paix sur lui) a dit :
« Nulle personne attristée ne fait l'invocation suivante :
« Ô Seigneur ! Je suis Ton serviteur, fils de Ton serviteur, fils de Ta servante, mon toupet est dans Ta main. Ton jugement s'accomplit sur moi, Ton décret sur moi est juste. Par les noms qui T'appartiennent avec lesquels Tu T'es nommé, ou que Tu as révélés dans Ton Livre ou que Tu as enseignés à l'une de Tes créatures, ou bien que Tu as gardés secrets dans Ta science de l'inconnu, je Te demande de rendre le Coran le printemps de mon cœur, la lumière de ma poitrine, la dissipation de ma tristesse et la fin de mes soucis. » sans qu'Allah n'écarte sa tristesse et ses soucis et leur substitue de la joie. »[5]

Précisions :

L'imam Ibn Al-Qayyim définit l'invocation de la manière sui-

---

1   Sourate Al-Qamar verset 10
2   Sourate Al-Shu'ara, verset 213
3   Sourate Younous, verset 106
4   Sourate Younous, verset 10
5   Rapporté par l'imam Ahmad

vante : « L'invocation est l'imploration de la réalisation de ce qui peut être utile et la dissipation ou l'éloignement de ce qui est susceptible d'être nuisible. »

6. Prier

« Quand vous avez accompli la prière, invoquez le nom d'Allah, debout, assis ou couchés sur vos côtés. Puis lorsque vous êtes en sécurité, accomplissez la prière (normalement), car la Prière demeure, pour les croyants, une prescription, à des temps déterminés. »[1]

Le Prophète (paix sur lui) a dit :
« [...] Allah me révéla, alors, ce qu'Il voulut, et prescrivit l'accomplissement de cinquante prières par jour. Je retournai voir Moussa qui me demanda : « Qu'a prescrit le Seigneur à ta Communauté ? »
« Une cinquantaine de prières », lui dis-je.
« Retourne vers ton Seigneur et demande-Lui la réduction de ce nombre, car ta Communauté ne supportera point cette prescription [...] »
Le Prophète (paix sur lui) poursuivit :
« Je retournai vers mon Seigneur et je Lui demandai de réduire le nombre des prières pour la faveur de ma Communauté. Il m'exauça en les amoindrissant de cinq prières. J'allai ensuite trouver Moussa pour l'informer de la réduction des cinq prières. Toutefois, il me répéta :
« Retourne vers ton Seigneur et demande-Lui la réduction de ce nombre, car ta Communauté ne le supportera point. »
Je ne cessai alors d'aller et venir entre mon Seigneur et Moussa pour demander une diminution plus grande encore jusqu'à ce qu'Allah me décréta : « Ô Muhammad ! Je prescris irrévocablement cinq prières jour et nuit, dont chacune équivaut à dix, cela fait alors cinquante. Quiconque a dessein de faire une bonne action et ne la fait pas, on lui inscrira une récompense à son actif ;

---

1   Sourate An-Nissa, Verset 103

s'il l'exécute, une récompense équivalente à dix bonnes actions lui sera inscrite. Tandis que quiconque a l'intention de perpétrer une mauvaise action et qu'il ne l'accomplit pas, rien ne sera inscrit à son passif ; si au contraire il l'accomplit, on lui inscrira la punition d'une seule mauvaise action. »

Je redescendis et arrivai auprès de Moussa pour l'informer de cela, mais il me dit : « Retourne vers ton Seigneur et demande-Lui une nouvelle diminution. »

« Je suis déjà retourné plusieurs fois vers mon Seigneur, jusqu'à ce que j'aie trouvé inconvenant de Lui adresser encore une fois cette demande », répondis-je à Moussa. »[1]

<u>Précisions :</u>

La prière est le plus important des cinq piliers de l'Islam, directement après l'attestation de foi. Elle inclut plusieurs actes d'adoration tels que le rappel d'Allah, la récitation du Coran ou encore la prosternation.

---

1   Rapporté par Muslim

7. Jeûner

« [...] mangez et buvez jusqu'à ce que se distingue, pour vous, le fil blanc de l'aube du fil noir de la nuit. Puis accomplissez le jeûne jusqu'à la nuit [...] »[1]

« [Ces jours sont] le mois de Ramadân au cours duquel le Coran a été descendu comme guide pour les gens, et preuves claires de la bonne direction et du discernement. Donc, quiconque d'entre vous est présent en ce mois, qu'il jeûne ! Et quiconque est malade ou en voyage, alors qu'il jeûne un nombre égal d'autres jours – Allah veut pour vous la facilité, Il ne veut pas la difficulté pour vous, afin que vous en complétiez le nombre et que vous proclamiez la grandeur d'Allah pour vous avoir guidés, et afin que vous soyez reconnaissants ! »[2]

Le Prophète (paix sur lui) a dit :
« Celui qui jeûne un jour dans le sentier d'Allah, Allah éloigne son visage de l'enfer d'une distance de 70 ans. »[3]

---

1   Sourate Al-Baqarah, verset 187
2   Sourate Al-Baqarah, verset 185
3   Rapporté par Al-Bukhârî et Muslim

8. Se repentir

« Et repentez-vous tous devant Allah, ô croyants, peut-être réussirez-vous. »[1]

« Demandez pardon à votre Seigneur ; ensuite revenez à Lui. »[2]

« Ô vous les croyants : repentez-vous à Allah d'un repentir sincère. »[3]

Le Prophète (paix sur lui) a dit :
« Par Allah, je demande pardon à Allah et je me repens plus de soixante-dix fois par jour. »[4]

Le Prophète (paix sur lui) a dit :
« Ô gens ! Repentez-vous et demandez pardon à Allah, car je me repens, moi-même, plus de cent fois par jour ! »[5]

Le Prophète (paix sur lui) a dit :
« Allah se réjouit du repentir de Son serviteur lorsqu'il se repent, plus que ne se réjouit l'un d'entre vous qui, étant avec sa monture dans une terre déserte, voit celle-ci lui échapper en emportant avec elle sa nourriture et son eau. Il s'installe alors à l'ombre d'un arbre et s'endort sans espoir. Tandis qu'il est là, il rouvre les yeux et voit que sa monture se trouve devant lui. Il la prend par la bride et, au comble de la joie, s'écrit : « Mon Dieu, Tu es mon serviteur et je suis Ton Seigneur ! » Il se trompa tellement

---

1   Sourate Al-Nûr, verset 31
2   Sourate Hud, verset 3
3   Sourate At-Tahrim, verset 8
4   Rapporté par Al-Bukhârî
5   Rapporté par Muslim

sa joie fut immense. »[1]

<u>Précisions :</u>

Selon les certains savants, il est obligatoire de se repentir après avoir commis un péché. Pour que le repentir soit accepté, des conditions doivent être remplies. Si le péché ne concerne que son auteur et Son Seigneur, il doit :

- Renoncer au péché en question ;
- Regretter d'avoir commis cet acte ;
- Se décider fermement à ne plus jamais l'accomplir.

Si le péché implique d'avoir fait du mal à une autre personne, une condition s'ajoute : compenser le préjudice commis.

---

1   Rapporté par Muslim

9. Méditer sur les Noms & Attributs d'Allah

« C'est à Allah qu'appartiennent les noms les plus beaux. Invoquez-Le par ces noms et laissez ceux qui profanent Ses noms : ils seront rétribués pour ce qu'ils ont fait. »[1]

« C'est Lui Allah. Nulle divinité autre que Lui, le Connaisseur de l'invisible tout comme du visible. C'est Lui, le Tout Miséricordieux, le Très Miséricordieux. C'est Lui, Allah. Nulle divinité autre que Lui ; Le Souverain, Le Pur, L'Apaisant, Le Rassurant, Le Prédominant, Le Tout Puissant, Le Contraignant, L'Orgueilleux. Gloire à Allah ! Il transcende ce qu'ils Lui associent. C'est Lui Allah, le Créateur, Celui qui donne un commencement à toute chose, le Formateur. À Lui les plus beaux noms. Tout ce qui est dans les cieux et la terre Le glorifie. Et c'est Lui le Puissant, le Sage. »[2]

Le Prophète (paix sur lui) a dit :
« Certes Allah a 99 noms, cent moins un, celui qui les dénombre entre au paradis. »[3]

<u>Précisions :</u>

Certains savants expliquent qu'il faut apprendre à connaître les Noms d'Allah, les comprendre et enfin L'adorer par leur intermédiaire. L'adorer avec Ses Noms implique :

---

1   Sourate Al-A'raf, verset 180
2   Sourate Al-Hashr, versets 22-24
3   Rapporté par Al-Bukhârî et Muslim

17

- De choisir le Nom approprié et l'invoquer avec. Par exemple, pour demander pardon, nous dirons : « Ô Toi le Pardonneur, pardonne-moi » ;
- De pratiquer la signification de ces Noms dans nos adorations. Par exemple, « Le Tout-Miséricordieux » signifie qu'Allah possède l'attribut de miséricorde. Nous devons donc essayer d'accomplir de bonnes actions qui vont nous permettre de bénéficier de cette miséricorde ;

Les Noms et Attributs d'Allah se divisent en deux catégories :

- La première catégorie concerne les Noms et Attributs qui ne peuvent convenir qu'à Allah Seul. C'est le cas par exemple de « Allah » ou « Ar-Rahmân » ;
- La seconde catégorie concerne les Noms et Attributs qui peuvent être attribués à d'autres. C'est le cas par exemple de « Malik » (roi), « 'Azîz » (puissant) ou « Karîm » (généreux).

10. Méditer sur la Création

« En vérité, dans la création des cieux et de la terre, et dans l'alternance de la nuit et du jour, il y a certes des signes pour les doués d'intelligence, qui, debout, assis, couchés sur leurs côtés, invoquent Allah et méditent sur la création des cieux et de la terre (disant) : « Seigneur ! Tu n'as pas créé cela en vain. Gloire à Toi ! Préserve-nous du châtiment du Feu. » »[1]

« Ont-ils été créés à partir de rien ou sont-ils les créateurs ? Ont-ils créé les cieux et la terre ? Mais ils n'ont plutôt aucune conviction. »[2]

<u>Précisions :</u>

Voici quelques exemples de sujets de méditation dans la Création :

- La nature : sa beauté, sa diversité ;
- L'être humain : sa complexité biologique et psychologique ;
- Les animaux : leurs comportements, leurs rôles ;
- Les astres : les étoiles, les planètes, le soleil, la lune.

---

1   Sourate Al-Imrân, versets 190-191
2   Sourate Al-Tûr, versets 35-36

11. Croire aux Prophètes

« Et il y a des messagers dont Nous t'avons raconté l'histoire précédemment, et des messagers dont Nous ne t'avons point raconté l'histoire – et Allah a parlé à Moïse de vive voix. »[1]

« Et rappelle-toi donc Nos serviteurs : Abraham, Isaac et Jacob, détenteurs de puissance et de clairvoyance. »[2]

« En tant que messagers, annonciateurs et avertisseurs, afin qu'après la venue des messagers il n'y eût pour les gens point d'argument devant Allah. Allah est Puissant et Sage. »[3]

« Et lorsque Nous prîmes des prophètes leur engagement de même que de toi, de Noé, d'Abraham, de Moïse et de Jésus fils de Marie, et Nous avons pris d'eux un engagement solennel. »[4]

« Et à David Nous fîmes don de Salomon, quel bon serviteur. Il était plein de repentir. »[5]

Le Prophète (paix sur lui) a dit :
« Les gens se rendront auprès de Noé en lui disant : « Tu es le premier messager qu'Allah a envoyé aux gens de la terre. »[6]

Le Prophète (paix sur lui) a dit : « Le Prophète Moïse fit des reproches à Adam ;
Moïse dit à Adam : « Ô Adam ! Tu es notre père qui nous a déçus

1   Sourate Al-Nissa, verset 164
2   Sourate Âd, verset 45
3   Sourate Al-Nissa, verset 165
4   Sourate Les Al-Ahzâb, verset 7
5   Sourate Âd, verset 30
6   Rapporté par Al-Bukhârî

et nous a fait sortir du Paradis ! »

Alors Adam lui dit : « Ô Moïse ! Allah t'a favorisé par Sa parole (en te parlant directement) et a écrit (la Torah) pour toi de Sa propre main. Me reproches-tu d'avoir commis un acte qu'Allah m'avait destiné quarante ans avant de m'avoir créé ? »

Alors Adam réfuta Moïse, Adam réfuta Moïse ».[1]

<u>Précisions :</u>

Les savants de l'Islam considèrent qu'un Prophète est celui qui a reçu la révélation, mais qui n'a pas été chargé de la transmettre. Le Messager, quant à lui, est celui qui a non seulement reçu la révélation, mais a également été chargé de la transmettre. À partir de là, ils ont conclu que tous les Messagers sont des Prophètes. En revanche, tous les Prophètes ne sont pas forcément des Messagers.

---

1 Rapporté par Al-Bukhârî

12. Suivre les Compagnons

« Il est, parmi les croyants, des hommes qui ont été sincères dans leur engagement envers Allah. Certains d'entre eux ont atteint leur fin, et d'autres attendent encore ; et ils n'ont varié aucunement dans leur engagement. »[1]

Le Prophète (paix sur lui) a dit :
« Ne dites pas du mal de mes Compagnons, car je jure, par Allah, que même si l'un d'entre vous donne en aumône l'équivalent de la montagne d'Uhud, il n'égalerait pas les mérites d'un seul de mes Compagnons. »[2]

Le Prophète (paix sur lui) a dit :
« S'il m'avait été permis d'avoir pour ami intime quelqu'un d'autre qu'Allah, cela aurait été Abû Bakr. Seulement, il est mon frère et mon Compagnon. »[3]

Le Prophète (paix sur lui) a dit :
« Dans ma communauté, il y a des gens inspirés. Par Allah, 'Umar est l'un d'entre eux ! »[4]

Le Prophète (paix sur lui) était dans la maison de 'Aisha. Il avait l'une de ses cuisses découverte. Abu Bakr demanda la permission d'entrer. Le Prophète (paix sur lui) lui donna l'autorisation. Puis 'Umar frappa à la porte et demanda l'autorisation d'entrer et le

---

1   Sourate Al-Ahzab, verset 23
2   Rapporté par Al-Bukhârî & Muslim
3   Rapporté par Al-Bukhârî & Muslim
4   Rapporté par Al-Bukhârî & Muslim

Prophète (paix sur lui) lui donna l'autorisation. Et lorsque 'Uthman frappa à la porte du Prophète (paix sur lui) et demanda l'autorisation d'entrer, le Prophète (paix sur lui) cacha sa cuisse et lui donna la permission. 'Aisha demanda au Prophète (paix sur lui) pourquoi lorsque Abu Bakr et 'Umar sont rentrés, il n'a pas couvert sa cuisse, alors que lorsque 'Othman est rentré, il a recouvert sa cuisse. Le Prophète (paix sur lui) répondit : « Ne dois-je pas avoir honte de celui envers qui les anges ont honte ? » [1]

Le Prophète (paix sur lui) a dit au sujet de 'Ali Ibn Abu Tâlib : « Tu es issu de moi et je suis issu de toi. »[2]

Précisions :

Le grand savant Ibn Rajab a donné une définition des Compagnons : « Toute personne ayant rencontré le Prophète (paix sur lui) en croyant en lui et qui est mort en étant musulman. »

---

1 Rapporté par Muslim
2 Rapporté par Al-Bukhâri

13. Suivre les pieux prédécesseurs

Le Prophète (paix sur lui) a dit :
« Les meilleures personnes sont celles de ma génération et de la génération suivante. ». Imran, le rapporteur du hadith, ajouta : « Je ne sais plus si le Prophète (paix sur lui) a répété la phrase deux fois ou trois. »[1]

Voici quelques paroles de pieux des premières générations :

'Omar Ibn al Khattab - qu'Allah l'agrée - disait :

« Celui qui rit beaucoup, son air imposant faiblit et celui qui se réjouit on le méprise. Celui qui parle beaucoup se trompe beaucoup, et celui qui se trompe beaucoup sa pudeur diminue. Ne parle pas de ce qui ne te regarde pas et éloigne-toi de ton ennemi. La seule personne de confiance est celle qui craint Allah. »

Lorsque 'Omar - qu'Allah l'agrée - mourut, Médine s'assombrit à tel point que l'enfant questionnait le père en ces termes :
« Papa ! Est-ce le jour de la Résurrection ? »
Et celui-ci répondait :
« Non mon fils ! Mais 'Omar a été assassiné. »

'Ali Ibn abu Talib - qu'Allah l'agrée - disait :

« La chose que je crains le plus pour vous, c'est le fait de suivre les passions et l'espoir d'avoir une longue vie. Le fait de suivre les

---

1   Rapporté par Al-Bukhârî

24

passions éloigne de la vérité et l'espoir d'une longue vie fait oublier l'au-delà. »

« Doit vraiment être modeste celui qui doit mourir. »

« La chose de la vie terrestre dont l'individu a besoin est la nourriture. Alors pourquoi l'individu s'inquiète-t-il dès le matin et œuvre-t-il d'une manière indescriptible ? »

« Ô toi ! Sache que tu vas prochainement partir vers des personnes dont les paroles seront le silence. »

'AbdAllah ibn Mas'oud - qu'Allah l'agrée - disait :

« Le savoir ne consiste pas à avoir beaucoup de connaissances, mais le savoir c'est craindre Allah. »

« Malheur au non instruit, car si Allah l'avait voulu, il l'aurait instruit et malheur à celui qui ne met pas en pratique son savoir. » (Cette parole fut répétée à 7 reprises)

« Il convient à celui qui connaît le Coran par cœur de pleurer souvent, d'être triste, sage, indulgent et silencieux. »

« Par Allah, nulle chose ne mérite d'être plus longuement emprisonnée que la langue. »

Mu'adh Ibn Jabal - qu'Allah l'agrée - disait :

« Ô Allah ! Les yeux se sont fermés, les étoiles ont disparu et Toi, Tu es vivant et Tu existes par Toi-même. »

« Ô Allah ! Ma demande pour le Paradis est faible et ma fuite de l'Enfer est lente. »

« Vous allez vivre des malheurs durant lesquels il y aura beaucoup d'argent et le Coran sera tellement ouvert que le lira le croyant et l'hypocrite, le grand et le petit. »

« Lorsque tu pries, prie de la même manière que la personne qui fait ses adieux : en pensant que tu ne reviendras plus jamais. »

Lorsque la mort vint à lui, il ne cessa de dire :

« Ô Allah ! Je Te craignais, mais aujourd'hui mon espoir est en Toi.

Tu sais que je n'aimais pas la vie terrestre et que je ne voulais pas y rester longtemps. Mais ce que j'aimais, c'était avoir soif lors des canicules, faire preuve d'endurance durant des heures et bousculer les savants avec mes genoux dans les cercles d'études. »

Salman al Farissi - qu'Allah l'agrée - disait :

« Le savoir est vaste, la vie est courte, alors prends du savoir ce dont tu as besoin pour ta religion et laisse le reste. »

« Si tu commets un péché en privé, alors commets une bonne action en privé et si tu commets un péché en public, alors commets une bonne action en public afin que celle-ci efface celle-là. »

Zayn al 'Abidine Ibn 'Ali ibn Al Houssayn Ibn 'Ali ibn Abou Talib - qu'Allah les agrée - disaient :

« Dans le passé, les Corans ne se vendaient pas, mais la personne venait avec une feuille et se postait à côté de la chaire, puis une personne volontaire commençait à écrire au début de la feuille. Puis une autre personne venait et lui écrivait la suite, et ce, jusqu'à ce que le Coran soit totalement écrit. »

« Je suis étonné par celui qui est orgueilleux et fier, qui hier, était une goutte de sperme et qui demain sera une charogne. »

Hassan Al Basri - qu'Allâh lui fasse miséricorde - disait :

« Les critiques que se fait l'individu en public sont en fait des éloges. »

« Tant que l'individu espèrera vivre longtemps, il accomplira de mauvaises actions. »

« Ô être humain ! Certes, tu n'es qu'un nombre, chaque jour c'est une partie de toi qui part. »

« Vos dirigeants sont semblables à vos actes, et vous serez gouvernés de la même manière que vous vous comporterez. »

« Celui qui te concurrence dans la religion, concurrence-le ! Et celui qui te concurrence dans les biens de la vie terrestre, jette-les-lui au cou ! »

Soufyan at-Thawri disait :

« Le fait d'avoir beaucoup d'amis est un signe de faiblesse de religiosité. »

« Il ne s'asseyait jamais à la tête d'une assemblée, mais il s'asseyait sur les côtés, proche du mur et il pliait les jambes. »

« Ceci est une époque où tu dois t'occuper de toi-même, et où tu dois abandonner les gens. »

14. Croire aux anges

« [...] des serviteurs honorés. Ils ne devancent pas Son commandement et agissent selon Son ordre. »[1]

« Ils ne se considèrent point trop grands pour L'adorer et ne s'en lassent pas. Ils exaltent Sa gloire nuit et jour et ne s'interrompent pas. »[2]

« Nous avons effectivement créé l'homme et Nous savons ce que son âme lui suggère et Nous sommes plus près de lui que sa veine jugulaire. Quand les deux qui recueillent, assis à droite et à gauche, recueillent. Il ne prononce pas une parole sans avoir auprès de lui un observateur prêt à l'inscrire. »[3]

« Mentionne, dans le Livre [le Coran], Marie, quand elle se retira de sa famille en un lieu vers l'Orient. Elle mit entre elle et eux un voile. Nous lui envoyâmes Notre Esprit [Gabriel], qui se présenta à elle sous la forme d'un homme parfait. Elle dit : « Je me réfugie contre toi auprès du Tout Miséricordieux. Si tu es pieux, [ne m'approche point]. » Il dit : « Je suis en fait un Messager de ton Seigneur pour te faire don d'un fils pur. » Elle dit : « Comment aurais-je un fils, quand aucun homme ne m'a touchée, et je ne suis pas prostituée ? » Il dit : « Ainsi sera-t-il ! Cela M'est facile, a dit ton Seigneur ! Et Nous ferons de lui un signe pour les gens, et une miséricorde de Notre part. C'est une affaire déjà décidée. » Elle devint donc enceinte [de l'enfant], et elle se retira avec lui en un lieu éloigné. Puis les douleurs de l'enfantement l'amenèrent au tronc du palmier, et elle dit : « Malheur à moi ! Que je fusse morte avant cet instant ! Et que je fusse totalement oubliée ! »

---

1 Sourate Al-Anbiya, versets 26-27
2 Sourate Al-Anbiya, versets 19-20
3 Sourate Qâf, versets 16-18

Alors, il l'appela d'au-dessous d'elle, [lui disant :] « Ne t'afflige pas. Ton Seigneur a placé à tes pieds une source. Secoue vers toi le tronc du palmier : il fera tomber sur toi des dattes fraîches et mûres. Mange donc et bois et que ton œil se réjouisse ! Si tu vois quelqu'un d'entre les humains, dis [lui :] « Assurément, j'ai voué un jeûne au Tout Miséricordieux : je ne parlerai donc aujourd'hui à aucun être humain. » »[1]

Le Messager d'Allah (paix sur lui) a dit :
« Les anges ont été créés de la lumière, les djinns du feu sans fumée et Adam de ce qui vous a été décrit. »[2]

Le Messager d'Allah (paix sur lui) a dit à propos de l'ange Gabriel : « Je l'ai vu descendre des cieux en recouvrant l'espace entre le Ciel et la Terre, du fait de l'importance de sa taille. »[3]

'Aicha - qu'Allah l'agrée - a dit :
« La Révélation se présenta d'abord au Prophète (paix sur lui) sous forme de visions pieuses qu'il voyait pendant son sommeil. Toutes lui parurent avec une très vive clarté. Puis, il eut de l'inclination à la retraite. Il se retirait alors dans la caverne de Hirâ', où il se livrait à la pratique d'actes d'adoration durant des nuits consécutives, avant qu'il ne rentre chez lui pour se munir de provisions. Il revenait ensuite vers Khadîja et prenait les provisions nécessaires pour une nouvelle retraite. Cela dura jusqu'à ce que la Vérité lui fût enfin révélée dans la caverne de Hirâ'. L'ange Gabriel y vint alors lui dire : « Lis ! » – « Je ne suis point de ceux qui lisent », répondit-il. Le Prophète raconta cet événement en ces termes : « L'archange me saisit aussitôt, me pressa contre lui au point de me faire perdre toute force, puis me lâcha enfin en répétant : « Lis ! » – « Je ne suis point de ceux qui lisent », répliquai-je encore. Cette scène se répéta à deux autres reprises. À la troisième fois, l'archange me dit : « Lis, au nom de ton Seigneur qui a créé,

---

1 Sourate Al-Nahl, versets 16-26
2 Rapporté par Muslim
3 Rapporté par Muslim

29

qui a créé l'homme d'une adhérence. Lis ! Ton Seigneur est le Très Noble, qui a enseigné par la plume (le calame), a enseigné à l'homme ce qu'il ne savait pas. » »[1]

'Omar Ibn Al-Khattâb - qu'Allah l'agrée - rapporte :
« Pendant que nous étions un jour assis chez le Prophète (paix sur lui), une certaine personne portant des habits blancs apparut soudain. Il avait des cheveux très noirs. Aucune trace d'un long voyage n'apparaissait sur lui et aucun parmi nous ne le connaissait.
Il s'avança et s'assit près du Prophète (paix sur lui). Il appuya ses genoux contre les siens, posa les paumes de ses deux mains sur ses deux cuisses et dit : « Ô Muhammad, informe-moi sur l'Islam. »
« L'Islam, dit le Prophète (paix sur lui), c'est que tu témoignes que nulle divinité mérite d'être adorée en dehors d'Allah et que Muhammad est l'Envoyé d'Allah, que tu accomplisses la prière, que tu donnes l'aumône [Zakât], que tu jeûnes le mois de Ramadan et que tu fasses le pèlerinage de la Maison si tu en as la possibilité. »
L'étranger répondit : « Tu as dit la vérité. »
Nous nous sommes alors étonnés de cette situation : « Il le questionne, puis il l'approuve. »
L'étranger reprit : « Informe-moi sur la foi. » « La foi, dit-Il (paix sur lui), c'est que tu croies en Allah, en Ses Anges, en Ses Livres, en Ses Envoyés, au Jour Dernier, et que tu croies au Décret, qu'il s'agisse de son bien ou de son mal. »
L'étranger répondit : « Tu as dit la vérité », puis demanda « Informe-moi sur l'excellence. »
Le Prophète (paix sur lui) répondit : « C'est que tu adores Dieu comme si tu Le voyais. Et si tu ne Le vois pas, Lui te voit. »
L'étranger continua : « Informe-moi sur l'Heure (de la Résurrection). »
« Celui qui est interrogé n'en sait pas plus sur elle que celui qui l'interroge », lui répondit le Prophète (paix sur lui).
« Informe-moi sur ses signes précurseurs. »
« Quand la femme donnera naissance à sa propre maîtresse, et

---

1 Rapporté par Muslim

quand tu verras les va-nu-pieds et les gueux, gardiens de bêtes, rivaliser dans l'élévation des constructions. » Puis l'homme s'en alla.

Je restais un certain temps sans rien demander sur cette affaire, puis l'Envoyé d'Allah (paix sur lui) me dit : « Sais-tu qui est venu m'interroger ? »

« Allah et Son Envoyé savent mieux », lui dis-je.

« C'est l'ange Gabriel. Il est venu vous apprendre votre religion. »[1]

1   Rapporté par Muslim

15. Se rappeler de la mort

« Où que vous soyez, la mort vous atteindra, fussiez-vous dans des tours imprenables. »[1]

« Dis : la mort que vous fuyez va certes vous rencontrer. Ensuite vous serez ramenés à Celui qui connait parfaitement le monde invisible et le monde visible et qui vous informera alors de ce que vous faisiez. »[2]

« Quand leur terme arrive, ils ne peuvent ni le retarder d'une heure ni l'avancer. »[3]

« Chaque échéance a son terme prescrit. »[4]

« Dis : l'ange de la mort qui est chargé de vous, vous fera mourir. Ensuite, vous serez ramenés vers votre Seigneur. »[5]

Le Prophète (paix sur lui) a dit :
« Rappelez-vous fréquemment celle qui coupe les plaisirs », en voulant dire par cela la mort.[6]

Précisions :

Les savants considèrent que se rappeler de la mort contient plusieurs vertus telles que :
• Le réveil des cœurs insouciants,

---

1   Sourate Al-Nissa, verset 78
2   Sourate Al-Jumu'ah, verset 8
3   Sourate Yunus, verset 49
4   Sourate Al-Ra'd, verset 38
5   Sourate Al-Sajdah, verset 11
6   Authentifié par Al-Albani

- Le retour à la vie des cœurs morts,
- Le retour du serviteur vers Son Seigneur,
- L'adoucissement des cœurs,
- Le détachement de la vie d'ici-bas ;

Les évènements qui suivent la mort sont :

- L'installation dans la tombe,
- L'interrogatoire par les deux anges,
- L'arrivée du Jour du Jugement,
- La Balance,
- La traversée du Pont,
- L'entrée au Paradis ou en Enfer.

16. Croire au Jour Dernier

« Au Jour de la Résurrection, Nous placerons les balances exactes. Nulle âme ne sera lésée en rien, fût-ce du poids d'un atome que Nous ferons venir. Et Nous suffisons largement pour dresser les comptes. »[1]

« Et puis, après cela vous mourrez. Et puis au Jour de la résurrection vous serez ressuscités. »[2]

Le Prophète (paix sur lui) a dit :
« Les gens seront ressuscités le Jour du Jugement Dernier les pieds nus et incirconcis. »[3]

Le Prophète (paix sur lui) a dit :
« Le Jour de la Résurrection, le croyant sera rapproché de son Seigneur jusqu'à ce qu'il soit sous Sa protection, et Il lui fera avouer ses péchés en lui disant :
« Reconnais-tu tel et tel péché ? »
Il répondra : « Oui Seigneur, je le reconnais. »
Allah lui dira alors : « Je te les ai cachés dans le bas monde, et aujourd'hui, Je te les pardonne. »
On lui remettra ensuite son registre des bonnes actions.
Par contre, les mécréants et les hypocrites seront appelés devant l'humanité toute entière et il sera dit : « Voilà ceux qui ont menti sur leur Seigneur. Que la malédiction d'Allah soit sur les opprimants ! »[4]

---

1   Sourate Al-Anbiya, verset 47
2   Sourate Al-Mu'minun, versets 15-16
3   Rapporté par Al-Bukhârî & Muslim
4   Rapporté par Al-Bukhârî & Muslim

17. Croire au Paradis

« Seuls, entre tous, les premiers arrivés, les pionniers de la foi, seront les plus proches auprès de Dieu, dans les jardins du délice. Il s'en trouvera une multitude remontant à la première époque. Mais peu d'élus se réclameront de la dernière. Sur des lits chamarrés d'or, ils s'accouderont se faisant face. Parmi eux s'empresseront des éphèbes d'une éternelle jeunesse, portant des calices, des aiguières, des coupes d'une liqueur limpide dont ils ne seront ni incommodés, ni enivrés. Il leur sera offert, au choix, toutes sortes de fruits et des viandes d'oiseaux des plus recherchées. Des épouses éternelles, belles aux grands yeux noirs leur tiendront compagnie, telles des perles en leur crin. Ainsi seront-ils récompensés de leurs œuvres. Ils n'entendront ni futilités, ni propos offensants. Seul retentira le mot « paix, paix ». Quant aux compagnons de droite, quel heureux destin est le leur ! Ils seront parmi des lotus sans épines et des rangées de bananiers sous un ombrage spacieux. Ils disposeront d'eau coulant sans arrêt et de fruits à profusion, toujours disponibles et jamais hors de portée. Ils reposeront sur des lits haut placés.Nous créâmes, en vérité, à part, les épouses du Paradis. Nous les fîmes vierges, aimantes et d'égale humeur. »[1]

« Mais ceux qui auront craint pieusement leur Seigneur auront des appartements haut-placés, au-dessus desquels se trouvent des étages savamment bâtis et sous lesquels coulent des rivières. C'est là la promesse de Dieu et Dieu ne manque jamais à Sa promesse. »[2]

Le Prophète (paix sur lui) a dit :
« L'Ange Gabriel m'a amené au Lotus de la Limite. J'y ai vu plusieurs couleurs, aux tons différents, dont j'ignore jusqu'à leur

---

1   Sourate Al-Waqi'a, versets 10-40
2   Sourate Al-Zumar, verset 20

dénomination. Je suis entré au Paradis où il y avait des stores de perles et dont le sol était pavé de musc. »[1]

Le Prophète (paix sur lui) a dit :

« Une fois enterré et lorsque ses Compagnons viennent à le quitter, le mort entend le bruit de leurs chaussures. Le croyant mort, questionné par les Anges sur l'homme qui leur fut envoyé [Le Prophète Muhammad, paix sur lui], répondra :
« J'atteste qu'il est Son serviteur et Son Messager. »
Ils (les Anges) lui diront : « Regarde ta place en Enfer, Allah te l'a échangée par un emplacement au Paradis.
L'Envoyé de Dieu (paix sur lui) ajouta : « Il verra en même temps l'Enfer et le Paradis. »[2]

Le Prophète (paix sur lui) a dit :

« Le Paradis s'est rapproché tellement de moi que si j'avais voulu, je vous en aurais ramené une petite parcelle. L'Enfer s'est aussi rapproché de moi, jusqu'à ce que je dise : « Ô Mon Dieu ! Serais-je parmi eux ? »[3]

---

1   Rapporté par Al-Bukhârî & Muslim
2   Rapporté par Al-Bukhârî & Muslim
3   Rapporté par Al-Bukhârî & Muslim

18. Croire à l'Enfer

« Certes les hypocrites seront relégués au plus bas étage de l'Enfer [...] »[1]

« Celui qui recherche la satisfaction d'Allah est-il comparable à celui qui encourt Sa réprobation et dont le refuge sera la Géhenne ? Quel détestable avenir ! Ils occupent des degrés différents auprès d'Allah, et Allah voit très bien ce que vous faites. »[2]

« Le feu leur brûlera le visage et leurs lèvres seront crispées. »[3]

Ibn 'Umar - qu'Allah l'agrée - a dit :
« J'ai vu en songe deux anges qui venaient vers moi avec chacun une matraque en fer dans la main, puis j'ai croisé un autre ange qui avait dans la main une matraque en fer. Ces anges me dirent :
« Quel homme bon tu es ! Si seulement tu pouvais multiplier les prières durant la profondeur de la nuit ! »
Puis ils m'ont conduit jusqu'au bord de la Géhenne et j'ai constaté qu'elle est pavée comme un puits avec des têtes et qu'à chaque paire de têtes se trouve un ange ayant une matraque dans la main. Et j'y ai vu également des hommes suspendus par des chaînes, la tête en bas et j'ai reconnu quelques hommes issus de la tribu de Quraysh. Puis les anges m'ont emmené en passant par le côté droit (de l'Enfer).
J'ai ensuite rapporté cela à Hafsa, qui rapporta cela à son époux, le Messager d'Allâh (paix sur lui) qui a dit alors : « Abdu Llâh [Ibn 'Umar] est un homme pieux. »[4]

---

1   Sourate Al-Nissa, verset 145
2   Sourate Al-'Imran, versets 162-163
3   Sourate Al-Mu'minun, verset 104
4   Rapporté par Al-Bukhârî & Muslim

Le Prophète (paix sur lui) a dit : « [En Enfer,] l'espace qu'il y a entre les deux épaules du mécréant équivaut à une distance que parcourrait un rapide cavalier durant trois jours. »[1]

1   Rapporté par Al-Bukhârî

19. Éviter les grands péchés

« Si vous évitez les grands péchés qui vous sont interdits, Nous effacerons vos méfaits de votre compte, et Nous vous ferons entrer dans un endroit honorable (le Paradis). »[1]

« Certes Allah ne pardonne pas qu'on Lui donne un associé. A part cela, Il pardonne à qui Il veut. Mais quiconque donne à Allah un associé commet un énorme péché. »[2]

Le Prophète (paix sur lui) a dit :
« Évitez les sept péchés funestes. ». On lui demanda : « Et quels sont-ils, Ô Envoyé de Dieu ? ». Il (paix sur lui) dit : « Le polythéisme, la sorcellerie, le meurtre sans raison légitime, le fait de consommer l'usure, le fait de manger les biens de l'orphelin, la fuite le jour du combat, la calomnie proférée contre des femmes chastes, croyantes et insoucieuses. »[3]

Le Prophète (paix sur lui) a dit :
« Ne vous informerais-je pas au sujet des plus grands péchés ? Il s'agit du fait d'attribuer à Allah un associé, de la désobéissance aux parents et du faux témoignage. »[4]

---

1   Sourate Al-Nissa, verset 31
2   Sourate Al-Nissa, verset 48
3   Rapporté par Al-Bukhârî & Muslim
4   Rapporté par Al-Bukhârî & Muslim

20. Accomplir de bonnes actions

« Dis : « Je suis en fait un être humain comme vous. Il m'a été révélé que votre Dieu est un Dieu unique ! Quiconque, donc, espère rencontrer son Seigneur, qu'il fasse de bonnes actions et qu'il n'associe dans son adoration aucun à son Seigneur. » »[1]

« Les biens et les enfants sont l'ornement de la vie de ce monde. Cependant, les bonnes œuvres qui persistent ont auprès de ton Seigneur une meilleure récompense et [suscitent] une belle espérance. »[2]

« Et quiconque lutte, ne lutte que pour lui-même, car Allah peut se passer de tout l'univers. Et quant à ceux qui croient et font de bonnes œuvres, Nous leur effacerons leurs méfaits, et Nous le rétribuerons de la meilleure récompense pour ce qu'ils auront accompli. »[3]

« L'homme est certes, en perdition, sauf ceux qui croient et accomplissent de bonnes œuvres, s'enjoignent mutuellement la vérité et s'enjoignent mutuellement l'endurance. »[4]

D'après Abou Dhar - qu'Allah l'agrée :
« J'ai dit : « Ô Messager d'Allah ! Conseille-moi ! ».
Le Prophète (paix sur lui) a dit : « Si tu fais une mauvaise action alors fais la suivre par une bonne action qui l'effacera. ».

---

1   Sourate Al-Kahf, verset 110
2   Sourate Al-Kahf, verset 46
3   Sourate Al-'Ankabut, versets 6-7
4   Sourate Al-'Asr, versets 2-3

J'ai dit : « Ô Messager d'Allah ! Est-ce [dire] que « La Ilaha Illa Allah » fait partie des bonnes actions ? ».

Le Prophète (paix sur lui) répondit : « Elle est la meilleure des bonnes actions. »[1]

---

1   Authentifié par Al-Albani

Chapitre 2

Santé & Hygiène

21. Manger modérément

Le Prophète (paix sur lui) a dit :
« L'homme ne remplit pas de pire récipient que le ventre. Il lui suffit de quelques bouchées pour se maintenir, mais si cela est nécessaire, qu'un tiers soit pour la nourriture, un tiers pour la boisson et un tiers pour l'air. »[1]

On rapporte que l'imam As-Shâfi'i a dit :
« Depuis seize ans, je n'ai pas été repu, à l'exception d'une seule fois que j'ai vomi par la suite, car la satiété alourdit le corps, durcit le cœur, fait disparaître le discernement, provoque le sommeil et affaiblit face aux adorations. »

<u>Précisions :</u>

Selon l'imam Ibn Al-Qayyim, il existe 3 degrés en matière d'alimentation : le degré du besoin, le degré de la suffisance, le degré de l'excédent.

Il nous explique ensuite que si les recommandations indiquées dans le hadith ne sont pas suivies, nous risquons d'exposer notre corps à la fatigue et à d'autres maux. Parmi les effets nocifs, il cite la corruption du cœur, la paresse et les penchants vers les désirs. Il déduit alors que l'excès de nourriture nuit à la fois au cœur et au corps.

L'imam Ibn Al-Qayyim nous précise cependant que les effets nocifs ne se manifestent que lorsque l'on mange fréquemment par excès. En revanche, toujours selon lui, si cela ne se produit que quelque fois, il n'y a aucun mal. Pour illustrer son propos, il rapporte que les Compagnons ont plusieurs fois mangé jusqu'à satiété en présence du Prophète (paix sur lui).

---

1   Authentifié par Al-Albani

22. Manger de la main droite

Le Prophète (paix sur lui) a dit :

« Lorsque l'un d'entre vous mange ou boit, qu'il le fasse de la main droite, car le diable boit et mange de la main gauche. »[1]

'Umar ibn Abi Salama - qu'Allah l'agrée - a rapporté :

« J'étais un enfant à la charge de l'Envoyé d'Allah (paix sur lui). Quand je prenais mon repas, je laissais ma main se promener dans le plat. Il (paix sur lui) me dit : « Jeune homme (avant de commencer à manger) invoque le nom d'Allah, mange de la main droite, et prend ce qui se trouve devant toi. »[2]

Salama Bin Al-Akwa' - qu'Allah l'agrée - rapporte qu'un homme prit son repas chez l'Envoyé d'Allah (paix sur lui) en se servant de sa main gauche :

« Mange de la main droite », lui dit-il.

« Je ne peux pas », répondit l'homme.

L'Envoyé d'Allah (paix sur lui) lui dit alors : « (J'invoque Allah pour que) tu ne puisses plus le faire. »

Le rapporteur ajouta :

« Désormais l'homme ne put plus porter sa main à la bouche, car c'était l'orgueil qui l'en avait empêché. »[3]

Précisions :

Le savant Al-'Utheymine explique ces deux textes et déduit que

---

1   Rapporté par Muslim
2   Rapporté par Al-Bukhârî & Muslim
3   Rapporté par Muslim

boire et manger de la main droite sont des obligations. Il ajoute que boire et manger de la main gauche est interdit et que celui qui le fait a commis un péché. Il nous informe également du fait que manger et boire de la main gauche est une ressemblance au diable et ses partisans. Il précise toutefois que si la personne a une bonne raison (une paralysie de la main droite par exemple), il n'y a aucun mal à ce qu'il utilise sa main gauche.

23. Manger et boire assis

Selon Anas, le Prophète (paix sur lui) a interdit de boire debout. Qatada lui demanda : « Et pour ce qui est de manger ? » Il dit : « C'est pire encore. »[1]

Le Prophète (paix sur lui) a dit :
« Que l'un de vous ne boive surtout pas debout. Celui qui a oublié de s'asseoir avant de boire, qu'il vomisse ce qu'il a bu. »[2]

Précisions :

Le savant Al-'Utheymine nous explique dans son commentaire de ces hadiths qu'il est préférable de manger et de boire assis, car c'est là la recommandation du Prophète (paix sur lui). Toutefois, il explique qu'il est permis de le faire debout, car il existe des preuves à ce sujet.

Voici quelques-unes d'entre elles :

Ibn 'Abbas rapporte :
« J'ai donné de l'eau de Zamzam au Prophète (paix sur lui) qu'il but debout. »[3]

Nazal Ibn Sabra rapporte :
« 'Ali se rendit à la porte de Rahaba et y but debout puis dit : « J'ai vu le Prophète (paix sur lui) faire comme vous m'avez vu faire. »[4]

---

1   Rapporté par Muslim
2   Rapporté par Muslim
3   Rapporté par Al-Bukhârî & Muslim
4   Rapporté par Al-Bukhârî

Ibn ʿUmar rapporte :

« Du temps du Messager de Dieu (paix sur lui), nous mangions en marchant et nous buvions debout. »[1]

ʿAmr Ibn Shouʾayb rapporte ce hadith de son grand-père que lui a transmis son père : « J'ai vu le Messager de Dieu (paix sur lui) boire aussi bien debout qu'assis. »[2]

Le shaykh conclut en expliquant que même s'il est permis de boire et de manger debout, il est préférable de le faire en étant assis.

---

1   Authentifié par Al-Albani
2   Authentifié par Al-Albani

24. Consommer du miel

« [Et voilà] ce que ton Seigneur révéla aux abeilles : « Prenez des demeures dans les montagnes, les arbres, et les treillages que [les hommes] font. Puis mangez de toute espèce de fruits, et suivez les sentiers de votre Seigneur, rendus faciles pour vous. De leur ventre, sort une liqueur, aux couleurs variées, dans laquelle il y a une guérison pour les gens. Il y a vraiment là une preuve pour des gens qui réfléchissent. »[1]

Le Prophète (paix sur lui) a dit :
« Le miel est un remède pour chaque maladie et le Coran est un remède pour toutes les maladies d'esprit, c'est pourquoi je vous recommande les deux remèdes : le Coran et le miel. »[2]

---

1   Sourate Al-Nahl, versets 68-69
2   Rapporté par Al-Bukhârî

49

25. S'appliquer du henné

Salmâ Umm Râfi', la servante du Prophète (paix sur lui) rapporte : « Pas une plaie ou piqûre n'atteignait le Prophète (paix sur lui) sans qu'il n'applique dessus du henné. »[1]

Lorsqu'on venait au Prophète (paix sur lui) pour se plaindre de douleurs aux jambes, il répondait : « Applique du henné. »[2]

---

1   Authentifié par Al-Albani
2   Authentifié par Al-Albani

26. Consommer des dattes

« Secoue vers toi le tronc du palmier : il fera tomber sur toi des dattes fraîches et mûres. Mange, bois et réjouis-toi ! »[1]

Le Prophète (paix sur lui) a dit : « Celui qui déjeune le matin avec sept dattes Al 'Ajwa, rien ne pourra lui nuire ce jour-là, ni poison et ni sorcellerie. »[2]

Le Prophète (paix sur lui) a dit :
« Les dattes Al-'Ajwa viennent du Paradis, elles sont une guérison contre le poison. »[3]

Il est rapporté un hadîth de Abû Barda, d'après Abû Mûssa, qui dit : « Comme j'avais eu un garçon, je l'emmenai au Prophète (paix sur lui) qui lui donna le nom de Ibrâhîm, lui massa le palais avec une datte. »[4]

1   Sourate Maryam, versets 25-26
2   Rapporté par Al-Bukhârî & Muslim
3   Authentifié par Al-Albani
4   Rapporté par Al-Bukhârî & Muslim

27. Consommer de l'huile d'olive

« Ainsi qu'un arbre (l'olivier) qui pousse au Mont Sinaï, en produisant l'huile servant à oindre et où les mangeurs trempent leur pain. »[1]

« Allah est la Lumière des cieux et de la terre. Sa lumière est semblable à une niche où se trouve une lampe. La lampe est dans un (récipient de) cristal et celui-ci ressemble à un astre de grand éclat ; son combustible vient d'un arbre béni : un olivier ni oriental ni occidental dont l'huile semble éclairer sans même que le feu la touche. Lumière sur lumière. Allah guide vers Sa lumière qui Il veut. Allah propose aux hommes des paraboles et Allah est Omniscient. »[2]

Le Prophète (paix sur lui) a dit :
« Mangez de l'huile, et enduisez-vous avec, car elle provient d'un arbre béni. »[3]

---

1   Sourate Al-Mu'minun, verset 20
2   Sourate Al-Nûr, verset 35
3   Authentifié par Al-Albani

28. Consommer de la graine de nigelle

'Âicha rapporte avoir entendu le Prophète (paix sur lui) dire :
« Cette graine noire est un remède pour tous les maux, sauf du sâm. »
« Qu'est-ce que le sâm ? » demanda 'Âicha.
« C'est la mort. », répondit le Prophète (paix sur lui).[1]

Le Prophète (paix sur lui) a dit :
« Il y a dans la graine noire (graine de nigelle) un remède contre tout mal, sauf contre le sâm. »[2]

---

1   Rapporté par Al-Bukhârî
2   Rapporté par Al-Bukhârî

29. Dormir comme le Prophète (paix sur lui)

Abou Barza al-Aslami a dit que :

« Le Prophète (paix sur lui) préférait retarder la prière d'Al-'Isha et n'aimait pas dormir avant cette prière ni continuer à parler après. »[1]

Al Barà Ibn 'Azeb rapporte :

« Le Messager d'Allah (paix sur lui) m'a dit : « Quand tu vas te mettre dans ton lit, fais tes ablutions comme pour la prière. »[2]

Le Messager d'Allah (paix sur lui) a dit :

« Quand l'un de vous s'apprête à se mettre dans son lit, qu'il balaie le lit avec le bout de son habit car il ne peut pas savoir ce qui y est entré après lui. Puis qu'il dise : « En Ton nom, Seigneur ! J'ai couché mon côté et en Ton nom je le relève. Si Tu retiens mon âme, sois clément avec elle, et si Tu la ressuscites, sauvegarde-la par les moyens avec lesquels Tu sauvegardes Tes esclaves vertueux. »[3]

Al Barà Ibn 'Azeb rapporte :

« Le Messager d'Allah (paix sur lui) m'a dit : « Étends-toi sur le côté droit. »[4]

Quand le Prophète (paix sur lui) se couchait, il plaçait sa main droite sous sa joue droite.[5]

---

1   Rapporté par Al-Bukhârî
2   Rapporté par Al-Bukhârî & Muslim
3   Rapporté par Al-Bukhârî & Muslim
4   Rapporté par Al-Bukhârî & Muslim
5   Authentifié par Al-Albani

30. Ne pas s'allonger sur le ventre

Ya'ish ibn Tihfata al-Ghifari a rapporté que son père a dit :
« Je fus l'hôte du Prophète (paix sur lui) parmi un groupe de pauvres. Au cours de la nuit, Il se rendit auprès de nous pour s'enquérir de notre état. Quand Il me vit coucher sur mon ventre, Il me donna un léger coup de pied et dit : « Ne te couche pas comme ça. C'est une manière de se coucher qu'Allah, le Puissant et Majestueux déteste. » »

Dans une autre version : Il lui donna un léger coup de pied pour le réveiller puis il lui dit : « C'est la manière de se coucher des gens de l'enfer. »[1]

<u>Précisions :</u>

Le savant Al-'Utheymine précise qu'en cas de douleur, si dormir sur le ventre soulage, il n'y a alors pas de mal à cela.

---

1   Authentifié par Al-Albani

31. Pratiquer une activité physique utile

Le Prophète (paix sur lui) a dit :
« Le croyant fort est meilleur et plus aimé d'Allah que le croyant faible, mais dans les deux il y a un bien. »[1]

Le Prophète (paix sur lui) a dit :
« Toute chose dans laquelle il n'y a pas de rappel d'Allah est futilité ou inattention sauf quatre choses : la marche d'un homme entre deux cibles[2], qu'il éduque son cheval, qu'il s'amuse avec son épouse ou l'apprentissage de la natation ».[3]

Aïcha - qu'Allah l'agrée - rapporte :
« J'accompagnais le Prophète dans un de ses voyages alors que j'étais encore une jeune fille mince et svelte, puis le Prophète dit aux gens :
« Avancez ! ».
Ils avancèrent, puis il me dit :
« Viens faire la course avec moi. »
Nous fîmes la course ensemble et je le battis. Il ne m'en parla plus pendant un long moment jusqu'à oublier ce fait. Plus tard, lorsque je pris du poids, je l'accompagnais une nouvelle fois dans un de ses voyages, puis il dit aux gens : « Avancez ! ».
Ils avancèrent, puis Il me dit : « Viens faire la course avec moi. »
Nous fîmes la course ensemble et cette fois, Il me battit. Il ria en disant : « Cette fois c'est la revanche. »[4]

---

1   Rapporté par Muslim
2   Cela signifie l'entraînement au tir à l'arc
3   Authentifié par Al-Albani
4   Authentifié par Al-Albani

32. Se protéger avec le verset du Trône

Le verset du Trône est le suivant :

« Allah ! Point de divinité à part Lui, le Vivant, Celui qui subsiste par lui-même «Al-Qayyoûm». Ni somnolence ni sommeil ne Le saisissent. À Lui appartient tout ce qui est dans les cieux et sur la terre. Qui peut intercéder auprès de Lui sans Sa permission ? Il connaît leur passé et leur futur. Et, de Sa science, ils n'embrassent que ce qu'Il veut. Son Trône « Kursî », déborde les cieux et la terre, dont la garde ne Lui coûte aucune peine. Et Il est le Très Haut, le Très Grand. »[1]

Abû Hurayra - qu'Allah l'agrée - raconte :
« Le Messager d'Allah (paix sur lui) me confia la garde de la Zakat (charité obligatoire sous forme de nourriture) du Ramadan. (Pendant la nuit), quelqu'un vint et commença à prendre une poignée de nourriture (de la zakat).
Je le saisis et je lui dis :
« Je vais t'emmener devant le Messager d'Allah ».
« Laisse-moi ! Je suis pauvre ! J'ai une famille (à nourrir) et je suis dans le besoin » me répondit-il.
Je le laissai alors partir.
Le lendemain matin, le Messager d'Allah me demanda :
« Ô Abû Hurayra! Qu'a fait ton prisonnier hier soir ? »
Je lui répondis : « Il s'est plaint d'une grande pauvreté et d'une famille à nourrir. J'ai eu alors pitié de lui et je l'ai laissé partir ». Il me dit alors :
« Très certainement, il t'a menti. Et il reviendra ! »

---

1   Sourate Al-Baqarah, verset 255

Je fus alors certain qu'il reviendrait. Je décidai donc de l'attendre. En effet, (la nuit suivante), il revint. Et comme il s'apprêtait à prendre une poignée de nourriture (de la zakat), je le saisis et lui dis :

« Je vais te traduire devant le Messager d'Allah ».

« Laisse-moi ! Je suis pauvre ! J'ai une famille (à nourrir) et je suis dans le besoin » me répondit-il.

Alors je le laissai à nouveau partir.

Le lendemain matin, le Messager d'Allah me dit :

« Ô Abû Hurayra ! Qu'a fait ton prisonnier hier soir ? »

Je lui répondis : « Il s'est plaint d'une grande pauvreté et d'une famille à nourrir. J'ai eu alors pitié de lui et je l'ai laissé partir ».

Il me dit alors :

« Très certainement, il t'a menti. Et il reviendra ! »

Je fus alors certain qu'il reviendrait. Je décidai donc de l'attendre. En effet, (la troisième nuit), il revint. Et comme il s'apprêtait à prendre une poignée de nourriture, je le saisis et lui dis :

« Je vais te traduire devant le Messager d'Allah car cette fois-ci, c'est la dernière de trois fois. Tu as promis de ne pas revenir, mais tu es quand même revenu. »

Il me dit alors :

« Laisse-moi partir et je t'enseignerai quelques paroles qui te seront utiles. »

« Quelles sont-elles ? » lui demandai-je.

Il me répondit : « Lorsque tu te mets au lit, récite le verset du Trône (al-Kursi) du début à la fin. Allah te désignera alors un protecteur et aucun diable ne pourra t'approcher jusqu'au matin. »

Je le laissai alors partir.

Le lendemain matin, le Messager d'Allah me demanda :

« Ô Abû Hurayra ! Qu'a fait ton prisonnier hier soir ? »

Je lui répondis : « Ô Messager d'Allah ! Il a prétendu m'enseigner quelques paroles qui me seraient utiles auprès d'Allah ! Je l'ai alors laissé partir. »

« Quelles sont ces paroles ? » me demanda-t-il.

Je répondis : « Il m'a dit :

« Lorsque tu te mets au lit, récite le verset du Trône du début à la fin... » Et il ajouta : « Allah te désignera alors un protecteur et aucun diable ne pourra t'approcher jusqu'au matin ! »

Le Prophète (paix sur lui) me dit :

« Certes, il t'a dit la vérité bien qu'il soit un grand menteur ! Abû Hurayra, sais-tu à qui tu as parlé durant trois nuits ? »

« Non ! » Répondis-je. « Eh bien, il s'agissait d'un diable ! »[1]

---

1   Rapporté par Al-Bukhari

33. Se soigner avec la sourate Al-Fatiha

« Louange à Allah, Seigneur de l'univers. Le Tout Miséricordieux, le Très Miséricordieux, Maître du Jour de la rétribution. C'est Toi [Seul] que nous adorons, et c'est Toi [Seul] dont nous implorons secours. Guide-nous dans le droit chemin. Le chemin de ceux que Tu as comblés de faveurs, non pas de ceux qui ont encouru Ta colère, ni des égarés. »[1]

Certains Compagnons du Prophète (paix sur lui) passèrent près d'une tribu arabe dont les gens refusèrent de leur offrir l'hospitalité. Alors qu'ils étaient ainsi, le chef de la tribu fut piqué. Ils [ses sujets] dirent :
« Avez-vous un remède ou un exorciseur ? »
Les Compagnons répondirent :
« Vous avez refusé notre demande d'hospitalité. Et nous ne vous viendrons en aide qu'au moyen d'une récompense. »
On leur promit alors un troupeau de moutons. Un Compagnon se mit alors à lire la [sourate] mère du Coran [sourate Al-Fâtiha], à amasser sa salive et à cracher [sur l'endroit de la piqûre]. Le patient guérit aussitôt. Les gens de cette tribu ramenèrent les moutons promis.
Les Compagnons dirent alors :
« Nous ne les prendrons qu'après avoir questionné le Prophète (paix sur lui). »
Ainsi, ils questionnèrent le Prophète (paix sur lui).
Celui-ci rit et dit : « Qui t'a fait savoir que c'est une rouqya ? Prenez ces moutons et prélevez-en une part pour moi. »[2]

---

1   Sourate Al-Fatiha
2   Rapporté par Al-Boukhari & Muslim

34. Se protéger avec les 3 dernières sourates du Coran

« Dis : « Il est Allah, Unique ; Allah, Le Seul à être imploré pour ce que nous désirons ; Il n'a jamais engendré, n'a pas été engendré non plus ; Et nul n'est égal à Lui. » »[1]

« Dis : « Je cherche protection auprès du Seigneur de l'aube naissante ; contre le mal des êtres qu'Il a créés ; contre le mal de l'obscurité quand elle s'approfondit ; contre le mal de celles qui soufflent (les sorcières) sur les nœuds ; et contre le mal de l'envieux quand il envie. » »[2]

« Dis : « Je cherche protection auprès du Seigneur des hommes ; Le Souverain des hommes ; Dieu des hommes ; contre le mal du mauvais conseiller, furtif ; qui souffle le mal dans les poitrines des hommes ; qu'il (le conseiller) soit un djinn, ou un être humain. » »[3]

Aïcha - qu'Allah l'agrée - rapporte que lorsque le Prophète (paix sur lui) allait se mettre au lit chaque nuit, il joignait ses mains puis soufflait dedans et y lisait : « Dis : « Il est Allah, Unique », « Dis : « Je cherche protection auprès du Seigneur de l'aube naissante » et « Dis : « Je cherche protection auprès du Seigneur des hommes. »

---

1   Sourate 112, Al-Ikhlâs
2   Sourate 113, Al-Falâq
3   Sourate 114, Al-Nass

Ensuite, il passait ses mains sur (toutes les parties de) son corps qu'il pouvait atteindre, commençant par la tête et le visage, puis (les passant sur) toute la partie antérieure de son corps. Il faisait cela trois fois. »[1]

Aïcha - qu'Allah l'agrée – rapporte :
« Lorsque Le Prophète (paix sur lui) tombait malade, il lisait pour lui-même «Al-Mou'awoudhat»[2] (les sourates protectrices) et soufflait dans ses mains. Quand sa maladie s'aggrava, je les lisais pour lui et je l'aidais à passer ses mains (sur son corps) dans l'espoir d'obtenir leur bénédiction.»[3]

D'après Abdallah Ibn Khoubaib - qu'Allah l'agrée :
« Nous avons été touchés par une pluie fine et par l'obscurité. Alors nous avons attendu le Prophète (paix sur lui) afin qu'il fasse imam pour nous. Nous l'avons trouvé et il a dit :
« Avez-vous prié ? » Alors je n'ai rien dit.
Il me dit : « Dis ! » mais je n'ai rien dit.
Puis il me dit : « Dis ! » mais je n'ai rien dit.
Puis il me dit : « Dis ! »
J'ai dit : « Que dois-je dire ? » Il a dit : « Dis » Dis : « Il est Allah, Unique »[4] et les deux protectrices trois fois le matin et l'après-midi, cela te suffira contre toute chose. » »[5]

D'après Oqba ibn Amir - qu'Allah l'agrée, le Prophète (paix sur lui) a dit : « Ô Oqba, ne vais-je pas t›apprendre les deux meilleures sourates que tu ais lus « Dis : « Je cherche protection auprès du Seigneur de l'aube naissante » et « Dis : « Je cherche protection auprès du Seigneur des hommes. ». Ô Oqba, lis-les à chaque fois que tu dors et à chaque fois que tu te lèves, personne n'a demandé ou a cherché protection par mieux qu'elles. »[6]

---

1   Rapporté par Al-Bukhârî
2   Ce sont les sourates Al-Falaq et Al-Nass
3   Rapporté par Al-Bukhârî
4   Sourate Al-Ikhlâs
5   Authentifié par Al-Albani
6   Authentifié par Al-Albani

35. Se protéger avec les invocations prophétiques

Le Prophète (paix sur lui) a dit :
« Celui qui s'arrête à un endroit et dit : « Je me mets sous la protection des Paroles parfaites d'Allah contre le mal de ce qu'Il a créé », ne sera touché d'aucun mal jusqu'à ce qu'il s'en aille. »[1]

Uthmân Ibn Abî Al 'Âs rapporte qu'un jour, il s'est plaint au Messager d'Allah (paix sur lui) d'un mal dont il souffrait, alors le Messager d'Allah (paix sur lui) lui a dit :
« Pose ta main sur l'endroit qui te fait mal et dis trois fois :
« Au nom d'Allah ! ».
Ensuite, répète sept fois de suite :
« Je me mets sous la protection de la puissance et du pouvoir d'Allah contre le mal dont je souffre et que je crains. » »[2]

Lorsque le Prophète (paix sur lui) rendait visite à un malade de sa famille, il disait : « Ô Allah, Seigneur des Hommes ! Éloigne la souffrance et guéris-le, Tu es Celui qui guérit - point de guérison si ce n'est la Tienne - sans laisser aucune trace de maladie. »[3]

<u>Précisions :</u>

L'imam Ibn Al-Qayyim explique : « Celui qui essaie ces invocations et recherches de protection constatera leur utilité et leur impérative nécessité. Elles empêchent le mauvais œil de faire parvenir son effet. S'il est parvenu, elles le repoussent selon la foi de

---

1   Rapporté par Muslim
2   Rapporté par Muslim
3   Rapporté par Al-Bukhârî & Muslim

63

celui qui les prononcent, de la force de son âme, de sa disposition, de sa confiance en Allah et de la fermeté de son cœur. Elles sont une arme et l'arme dépend de celui qui la porte. »

36. Pratiquer la Hijama

Le Prophète (paix sur lui) a dit :
« La meilleure des choses par lesquelles vous vous traitez est la Hijama et le costus marin ».[1]

Le Prophète (paix sur lui) a dit :
« La nuit du voyage nocturne, aucun groupe d'anges ne m'a approché sans qu'ils m'aient tous dit :
« Il t'incombe ô Muhammad de recourir à la Hijama. »
Dans une autre version :
« Ordonne à ta communauté la pratique de la Hijama. »[2]

Ibn Abbas rapporte :
« Le Prophète (paix sur lui) se fit faire une Hijama et il paya celui qui la lui pratiqua. »[3]

Selon Anas :
« Le Prophète (paix sur lui) pratiqua Al-Hijamah sur son crâne, alors qu'il était en état de sacralisation, en raison d'une migraine. »[4]

Précisions :

La Hijama est une méthode thérapeutique qui consiste à extraire le sang de la surface de l'épiderme. Elle est également connue sous le nom d'incisiothérapie et « cupping therapy ».

---

1   Rapporté par Al-Bukhârî & Muslim
2   Authentifié par Al-Albani
3   Rapporté par Al-Bukhârî & Muslim
4   Rapporté par Al-Bukhârî

37. Utiliser le Siwak

Le Prophète (paix sur lui) a dit :
« Si je ne craignais d'imposer une difficulté à ma communauté, je lui aurais ordonnée l'usage du Siwâk pour chaque prière. »[1]

Le Prophète (paix sur lui) a dit :
« Le Siwak purifie la bouche et satisfait le Seigneur. »[2]

D'après Mouqadam ibn Sarih, d'après son père, qui a dit :
« J'ai demandé à Aïcha :
« Quelle était la première chose que faisait le Prophète (paix sur lui) en entrant chez lui ? »
Elle répondit : « [Il se frottait les dents] avec le Siwak. »[3]

Précisions :

Le Siwak, aussi appelé Miswak ou bâton d'Araq, est une brosse à dent naturelle formée à partir de racines ou de branches.

---

1   Rapporté par Al-Bukhârî & Muslim
2   Authentifié par Al-Albani
3   Rapporté par Muslim

66

38. Se couper les ongles

Le Prophète (paix sur lui) a dit :

« Les pratiques naturelles [recommandées par l'Islam] sont au nombre de cinq : la circoncision, la diminution de la moustache, la coupe des ongles, le déracinement des poils de l'aisselle et le rasage des poils du pubis. »[1]

Précisions :

L'imam an-Nawawi explique la manière recommandée de se couper les ongles :

- Commencer la taille des ongles par la main droite en commençant par l'index, puis le majeur, l'annulaire, l'auriculaire et le pouce.
- Continuer par la main gauche en commençant par l'auriculaire.
- Commencer par le petit orteil du pied droit pour terminer dans l'ordre par le petit orteil du pied gauche.

---

1   Rapporté par Al-Bukhârî & Muslim

39. Se débarrasser de certains poils

Anas a dit :

« Le Messager d'Allah (paix sur lui) nous a fixé un délai de 40 jours pour la diminution de la moustache, la coupe des ongles, le déracinement des poils de l'aisselle et le rasage des poils du pubis. »[1]

---

1   Rapporté par Muslim

40. Se parfumer

Le Prophète (paix sur lui) a dit :
« On m'a fait aimer en votre monde les femmes et le parfum, et on a mis ma réjouissance dans la prière. »[1]

On rapporte que le Prophète (paix sur lui) ne refusait pas le parfum.[2]

Le Prophète (paix sur lui) a dit :
« Celui à qui on offre du parfum, ne doit pas le refuser, car il est de bonne odeur et facile à porter. »[3]

Le Prophète (paix sur lui) a dit :
« Le meilleur parfum est le musc. »[4]

Aïcha - qu'Allah l'agrée – rapporte :
« Je parfumais le Prophète (paix sur lui) avant qu'il ne soit en état de sacralisation le jour du sacrifice, et avant qu'il n'accomplisse de circonvolutions autour de la Ka'bah par un parfum qui contenait du musc. »[5]

1   Authentifié par Al-Arnâ'ut
2   Rapporté par Al-Bukhârî
3   Rapporté par Muslim
4   Rapporté par Al-Bukhârî
5   Rapporté par Al-Bukhârî & Muslim

Chapitre 3

Psychologie

41. Avoir une bonne opinion d'Allah

« Dis : « Ô Mes serviteurs, qui avez commis des excès à votre propre détriment, ne désespérez pas de la miséricorde d'Allah. Car Allah pardonne tous les péchés. Oui, c'est Lui le Pardonneur, le Très Miséricordieux. » »[1]

Le Prophète (paix sur lui) a dit :
« Qu'aucun d'entre vous ne meurt, sans avoir une bonne opinion d'Allah qu'Il soit glorifié et exalté ! »[2]

Le Prophète (paix sur lui) a dit :
« Il y avait un homme avant vous, qui n'avait fait aucun acte de bien à part le monothéisme.
Lorsque la mort lui parvint, il dit à sa famille :
« Lorsque je mourrais, brûle-moi jusqu'à ce que je devienne cendre, puis réduis-la en poudre et jette-la un jour de vent. »
Lorsqu'il mourut, ils firent ce qu'il eut demandé.
Mais une fois entre les mains d'Allah, Allah lui dit :
« Ô fils d'Âdam, qu'est-ce qui t'a poussé à faire cela ? »
Il dit : « La peur de Toi, Ô Seigneur ! »
Alors Allah lui pardonna bien qu'il n'avait pas fait un seul acte de bien autre que le monothéisme. »[3]

---

1   Sourate Al-Zumar, verset 53
2   Rapporté par Muslim
3   Rapporté par Al-Bukhârî

42. Pleurer

« Et ils tombent sur leur menton, pleurant, et cela augmente leur humilité »[1]

« Quoi ! vous étonnez-vous de ce discours (le Coran) ? Et vous [en] riez et n'[en] pleurez point ? » [2]

Anas - qu'Allah l'agrée – rapporte :
« Le Messager d'Allah (paix sur lui) nous fit un sermon tel que je n'en ai jamais entendu de pareil. Il nous dit : « Si vous saviez ce que je sais, vous ririez peu et pleuriez beaucoup ». Les Compagnons cachèrent alors leurs visages et sanglotèrent. »[3]

Le Prophète (paix sur lui) a dit :
« Il y a sept personnes qu'Allah protègera de son ombre le jour où il n'y aura d'autre ombre que la sienne : un imam équitable, un jeune homme qui a grandi dans l'adoration d'Allah, un homme dont le cœur est attaché à la mosquée, deux hommes qui s'aiment en Allah, il se sont rassemblés pour Lui et se sont séparés pour Lui, un homme qu'une femme de haut rang et d'une grande beauté a convié à l'adultère et qui a répondu : « Je crains Allah », un homme qui fais l'aumône de sa main droite de sorte que sa main gauche ne le sache pas, et un homme qui fond en larmes en mentionnant Allah dans sa solitude ».[4]

---

1 Sourate Al-Isra, verset 109
2 Sourate Al-Najm, versets 59-60
3 Rapporté par Al-Bukhârî & Muslim
4 Rapporté par Al-Bukhârî & Muslim

43. Observer celui qui est en-dessous de soi

Le Prophète (paix sur lui) a dit :
« Observez celui qui est en-dessous de vous et n'observez pas celui qui est au-dessus de vous, car cela incite davantage à ne point dénigrer les bienfaits qu'Allah dont Allah vous a comblés. »[1]

<u>Précisions :</u>

Le shaykh As-Sa'di nous explique que si nous méditions ce hadith, nous nous rendrions compte que nous sommes privilégiés par rapport à de nombreuses personnes. Que ce soit en matière de santé, de biens ou même d'autres domaines, la plupart d'entre nous jouissons d'une situation très favorable par rapport à beaucoup d'autres. Se rappeler de ce hadith dissipe la peur, le chagrin et l'anxiété. Cela apporte également de la joie et de la satisfaction par rapport à la situation qu'Allah nous a donné.

Le shaykh ajoute que plus nous porterons de l'attention aux bienfaits dont nous jouissons, plus nous nous rendrons compte que nous avons été épargnés de beaucoup de maux.

Enfin, n'oublions pas que ces bienfaits peuvent aussi bien concerner la vie d'ici-bas (situation financière, santé, etc.) que celle d'après (situation religieuse).

---

1   Rapporté par Al-Bukhârî

44. Patienter

« Que la patience et la prière soient pour vous un réconfort. »[1]

« Sois patient ! Allah t'y aidera. »[2]

« Endure patiemment ce qui peut t'atteindre. Tout cela est le propre d'une âme résolue. »[3]

« Annonce une heureuse issue aux patients, à ceux qui, frappés d'un malheur disent : « Nous appartenons à Allah et à Lui nous ferons retour ! ». Ceux-là, auront pour lot miséricorde et bénédiction de leur Seigneur. Ils auront suivi le droit chemin. »[4]

Le Prophète (paix sur lui) a dit :
« Celui qui persévère, Allah lui donne la patience et aucun homme n'a reçu de meilleur et de plus large don que la patience. »[5]

Le Prophète (paix sur lui) a dit :
« La patience est une lumière ! »[6]

---

1   Sourate Al-Baqarah, verset 45
2   Sourate Al-Nahl, verset 127
3   Sourate Lûqman, verset 17
4   Sourate Al-Baqarah, verset 156
5   Rapporté par Al-Bukhârî
6   Rapporté par Muslim

45. Penser aux conséquences de nos actes

« Allah n'impose à aucune âme une charge supérieure à sa capacité. Elle sera récompensée du bien qu'elle aura fait, punie du mal qu'elle aura fait. »[1]

« Quoi ! Quand un malheur vous atteint - mais vous en avez jadis infligé le double - vous dites « D'où vient cela ? » Réponds-leur : « Il vient de vous-mêmes. » »[2]

« Tout malheur qui vous atteint est dû à ce que vos mains ont acquis. »[3]

« Tout bien qui t'atteint vient d'Allah, et tout mal qui t'atteint vient de toi-même. »[4]

Le Prophète (paix sur lui) a dit :
« Certes, Allah a écrit les bons et les mauvais actes et les a expliqués. Si on pense faire un bien sans le concrétiser, Allah écrit un bien complet pour le concerné. S'il le concrétise, Allah lui inscrira auprès Lui dix à sept cents biens voire des multiples de ce chiffre. Si on pense faire un mal sans le concrétiser, Allah écrit un bien pour l'intéressé. S'il le concrétise, Allah écrira contre lui un seul mal. »[5]

---

1 Sourate Al-Baqarah, verset 286
2 Sourate Al-'Imran, verset 156
3 Sourate Al-Shura, verset 30
4 Sourate Al-Nissa, verset 79
5 Rapporté par Al-Bukhârî & Muslim

46. Ne pas se soucier du passé

Le Prophète (paix sur lui) a dit :

« Veille à ce qui t'est utile, remets-en toi à Allah, et ne baisse pas les bras. Si un malheur te touche, ne dis pas : « Ah ! Si j'avais fait ceci ou cela » mais dis plutôt : « C'est Allah qui m'a prédestiné cela et ce qu'Il a voulu est arrivé. » car l'emploi de « Si » par regret ouvre les portes aux œuvres du diable. »[1]

---

1   Rapporté par Muslim

47. Ne pas s'angoisser du futur

Le Prophète (paix sur lui) a dit :

« Sache que rien de ce qui doit te manquer ne saurait t'atteindre et rien de ce qui doit t'atteindre ne saurait te manquer. »[1]

---

1   Rapporté par Al-Bukhârî

48. Réfléchir avant d'agir

Le Prophète (paix sur lui) a dit :
« La réflexion avant d'agir vient d'Allah tandis que la précipitation vient du diable. »[1]

Précisions :

Prendre notre temps et éviter la précipitation ne doit pas nous faire oublier que nous devons nous empresser d'accomplir de bonnes œuvres :

« Empressez-vous d'obtenir le pardon de votre Seigneur et de gagner un Paradis vaste comme les Cieux et la Terre, préparé à l'intention de ceux qui craignent (Dieu). »[2]

Le Prophète (paix sur lui) a dit : « Hâtez-vous d'accomplir des bonnes actions car viendront des périodes de sédition qui seront telles des parties d'une nuit obscure, pendant lesquelles l'homme se trouvera croyant le matin et impie le soir, ou sera croyant le soir et parviendra au matin impie. Il troquera sa religion contre les biens de ce monde. »[3]

---

1   Authentifié par Al-Albani
2   Sourate Al-'Imran, verset 133
3   Rapporté par Muslim

49. Consulter Allah

D'après Jabir - qu'Allah l'agrée :

« Le Messager d'Allah (paix sur lui) apprenait à ses Compagnons à consulter [Allah] en toute affaire comme il leur apprenait une sourate du Coran. Il (paix sur lui) disait :

« Quand l'un de vous projette une affaire, qu'il accomplisse deux unités surérogatoires puis qu'il dise :

« Ô Allah, je viens prendre conseil auprès de Ta science et prendre force dans Ta force. Je viens Te demander de Ta générosité infinie. Car Tu es capable et je suis incapable, Tu sais et je ne sais pas et c'est Toi le Grand Connaisseur des mondes inconnus. Ô Allah, si Tu sais que cette affaire est pour moi une source de bien pour ma religion, pour ma vie ici-bas et pour ma destinée future [ou il a dit : « pour mon présent et pour mon futur »], destine-la moi, facilite-moi sa réalisation et bénis-la moi. Et si tu sais que cette affaire est pour moi une source de mal pour ma religion, pour ma vie d'ici-bas et pour ma destinée future [ou il a dit : « pour mon présent et pour mon futur »] détourne-la de moi et détourne-moi d'elle. Prédestine-moi le bien où il se trouve et inspire m'en la satisfaction. »[1]

---

1   Rapporté par Al-Bukhârî

50. Agir avec constance

Le Prophète (paix sur lui) a dit :

« L'acte le plus aimé auprès d'Allah est le plus constant, cela même s'il est petit. »[1]

---

51. Combattre la paresse

« Mais leur départ répugna à Allah. Il les a rendus paresseux et il leur fut dit : « Restez avec ceux qui restent (à la maison). »[1]

« Les hypocrites croient pouvoir tromper Allah, mais Allah fait toujours retourner leurs stratagèmes contre eux-mêmes. C'est ainsi que, quand ils s'apprêtent à faire la prière, ils la font avec paresse et ostensiblement, et n'invoquent Allah que très rarement. »[2]

Le Prophète (paix sur lui) a dit :
« Ô Allah je me réfugie auprès de Toi contre la faiblesse, la paresse, la poltronnerie, la décrépitude : je me réfugie auprès de Toi contre les supplices de la tombe, et je me réfugie auprès de Toi contre les épreuves de la vie et celles de la mort. »[3]

---

1   Sourate Al-Tawbah, verset 46
2   Sourate Al-Nissa, verset 142
3   Rapporté par Al-Bukhârî

52. Choisir la facilité

Aïcha - qu'Allah l'agrée – rapporte :

« Chaque fois que le Prophète (paix sur lui) avait à choisir entre deux options dont l'une était plus facile que l'autre, il choisissait la plus facile tant qu'elle ne comportait pas de péché, s'il s'agissait d'un péché, il s'en éloignait plus que quiconque. »[1]

---

1   Rapporté par Muslim

53. Combattre l'orgueil

« Et ne détourne pas ton visage des hommes, et ne foule pas la terre avec arrogance : car Allah n'aime pas le présomptueux plein de gloriole. Sois modeste dans ta démarche, et baisse ta voix, car la plus détestée des voix, c'est bien la voix des ânes. »[1]

Le Prophète (paix sur lui) a dit :
« Quiconque a un atome d'orgueil dans le cœur n'entrera pas au Paradis. »
Un homme demanda :
« Qu'en est-il d'un homme qui aime porter des beaux habits et de belles chaussures ? »
Il répondit : « Allah est beau et aime la beauté. L'orgueil est de rejeter la vérité et de mépriser les autres »[2]

Le Prophète (paix sur lui) a dit : « Il y a trois types de personnes à qui Allah ne parlera pas le Jour de la Résurrection, qu'Il ne purifiera pas, qu'Il ne regardera pas et ils auront un châtiment douloureux : un vieux fornicateur, un roi menteur et un pauvre orgueilleux. »[3]

Le Prophète (paix sur lui) a dit : « Allah m'a révélé de vous ordonner l'humilité, afin que nul ne méprise un autre, et que nul n'opprime un autre. »[4]

Le Prophète (paix sur lui) a dit : « Celui qui meurt tout en étant exempt d'orgueil, d'approbation de butin et de dette entrera au paradis. »[5]

---

1   Sourate Luqman, versets 18-19
2   Rapporté par Muslim
3   Rapporté par Muslim
4   Rapporté par Muslim
5   Authentifié par Al-Albani

84

54. Repousser les insufflations sataniques

« Dis : « Je cherche protection auprès du Seigneur des hommes. Le Souverain des hommes, Dieu des hommes, contre le mal du mauvais conseiller, furtif, qui souffle le mal dans les poitrines des hommes, qu'il (le conseiller) soit un djinn, ou un être humain. »[1]

« Ô vous qui avez cru ! Ne suivez pas les pas du diable. Quiconque suit les pas du diable, [sachez que] celui-ci ordonne la turpitude et le blâmable. Et n'eussent été la grâce d'Allah envers vous et Sa miséricorde, nul d'entre vous n'aurait jamais été pur. Mais Allah purifie qui Il veut. Et Allah est Audient et Omniscient. »[2]

Le Prophète (paix sur lui) a dit :
« Satan se présente à l'un de vous et lui dit :
« Qui a créé ceci et cela ? ». Il répond que c'est Allah. Jusqu'à que Satan lui demande : « Et qui a créé ton Seigneur ? ». S'il en arrive là, qu'il sollicite la protection d'Allah et cesse d'y penser. »[3]

Précisions :
Les insufflations sataniques sont des pensées qui traversent l'esprit de l'individu. Elles peuvent s'enraciner ou au contraire être repousséeIl faut savoir que des causes occultes (djinns, mauvais œil, etc.) peuvent aussi entraîner des maux psychologiques. Les démons incitent à l'assouvissement des mauvaises passions par leurs insufflations sataniques. Cela peut amener à des troubles anxieux de différentes natures. Les démons utilisent également la posses-

---

1   Sourate Al-Nass
2   Sourate Al-Nûr, verset 21
3   Rapporté par Al-Bukhârî & Muslim

sion pour être encore plus efficaces dans ce type de travail ;Il faut se rappeler que ces insufflations viennent du diable et surtout les repousser dès leur arrivée pour éviter qu'elles ne s'enracinent.

55. Combattre son âme

« Et par l'âme et Celui qui l'a harmonieusement façonnée ; et lui a alors inspiré son immoralité, de même que sa piété ! A réussi, certes, celui qui la purifie. Et est perdu, certes, celui qui la corrompt. »[1]

« Je ne m'innocente cependant pas, car l'âme est très incitatrice au mal, à moins que mon Seigneur, par miséricorde, [ne la préserve du péché]. Mon Seigneur est certes Pardonneur et très Miséricordieux. »[2]

Le Prophète (paix sur lui) a dit :
« Le combattant est celui qui combat son âme pour Allah. »[3]

Précisions :

Pour combattre notre âme, il est nécessaire d'en faire l'examen. Les savants ont énuméré 2 étapes dans l'examen de l'âme :

- Avant d'agir : lorsque l'âme invite à accomplir un acte, il faut l'analyser et conclure s'il contient un bien ou un mal,
- Après avoir agi : examiner ce qui a été accompli et louer Allah si c'est une œuvre de bien ou se repentir si c'est un mal

Lâcher la bride de l'âme entraîne de mauvaises conséquences sur la santé de l'individu, ses biens et sa vie dans sa globalité.

---

1   Sourate Al-Shams, versets 7-10
2   Sourate Yusuf, verset 53
3   Authentifié par Al-Albani

56. Canaliser ses désirs passionnels

« S'ils ne t'obéissent point, sache qu'ils ne suivent que leurs passions. »[1]

« Mais il s'est incliné vers la terre en suivant ses passions, il est semblable au chien. »[2]

« Les injustes ont suivi leurs passions sans aucune science. »[3]

« Et n'obéis pas à celui dont Nous avons rendu le cœur inattentif à Notre Rappel, qui suit ses passions et dont le comportement est outrancier. »[4]

« Vois-tu celui qui prend ses passions pour divinités. »[5]

<u>Précisions :</u>

L'assouvissement des désirs et pulsions doit se faire dans le cadre de la Législation du Créateur (exemple : le désir sexuel assouvi dans le mariage). L'âme se nourrit de passions (hawâ). Les passions sont les actions qui servent à assouvir nos désirs et nos pulsions.
Voici quelques exemples de passions :
- manger,
- boire,

---

1   Sourate Al-Qasas, verset 50
2   Sourate Al-A'raf, verset 176
3   Sourate Al-Rûm, verset 29
4   Sourate Al-Kahf, verset 28
5   Sourate Al-Furqân, verset 43

- se défendre,
- se reproduire,
- jouer,
- l'amour de l'argent,
- les addictions ;

Certaines passions sont nécessaires et louables et d'autres sont nuisibles. Il faut donc distinguer les bonnes passions des mauvaises.

Voici quelques exemples de passions à modérer :

- L'inaction :
forme encouragée : choisir la facilité à la difficulté,
forme dangereuse : paresse, fainéantise,

- L'amour du matériel :
forme encouragée : partir à la recherche de sa subsistance de manière licite,
forme dangereuse : acquérir de biens de manière illicite,

- L'amour charnel :
forme encouragée : le mariage,
forme dangereuse : la fornication,

- L'amour du pouvoir :
forme encouragée : diriger de manière juste,
forme dangereuse : diriger de manière injuste ;

Assouvir les passions nocives conduit à des souffrances physiques et psychologiques :

- fatigue physique et mentale
- culpabilité
- frustration à cause de l'aspect éphémère du plaisir
- faux espoirs ;
-

Pour se protéger des passions, il faut les mettre à la lumière du jugement divin. L'accomplissement des bonnes œuvres et le délaissement des péchés calment les passions.

57. Combattre l'envie

« Ne convoitez pas ce qu'Allah a attribué aux uns d'entre vous plus qu'aux autres ; aux hommes la part qu'ils ont acquise, et aux femmes la part qu'elles ont acquise. Demandez à Allah de Sa grâce. Car Allah, certes, est Omniscient. »[1]

Le Prophète (paix sur lui) a dit :
« Aucun de vous n'aura la foi jusqu'à ce qu'il aime pour son frère ce qu'il aime pour lui-même. »[2]

Le Prophète (paix sur lui) a dit :
« Il n'y a de jalousie que dans deux choses : un homme a qui Allah a enseigné le Coran qu'il récite nuit et jour. Alors un de ses voisins l'entend et dit :
« Malheur à moi, si seulement il m'avait été donné ce qui a été donné à untel j'aurais alors œuvré comme il œuvre. »
Et un homme a qui Allah a donné de l'argent qu'il dépense abondamment dans la vérité alors un autre homme dit :
« Malheur à moi, si seulement il m'avait été donné ce qui a été donné à untel j'aurais alors œuvré comme il œuvre. »[3]

---

1   Sourate Al-Nissa, verset 32
2   Rapporté par Al-Bukhârî
3   Rapporté par Al-Bukhârî

58. Maîtriser sa colère

« Ceux dont Allah a fait la louange dans Son Livre et auquel le Prophète (paix sur lui) a rendu hommage et auquel a été promis l'accès à un paradis aussi vaste que les Cieux et la Terre, ceux-là ont pour qualité qui dominent leur rage et pardonnent à autrui. »[1]

Le Prophète (paix sur lui) a dit :
« L'homme fort n'est pas celui qui peut terrasser les autres ; l'homme fort est celui qui sait se contrôler lorsqu'il est en colère. »[2]

D'après Soulayman ibn Surad, il se trouvait une fois aux côtés du Prophète (paix sur lui) quand deux hommes se mirent à échanger des injures. L'un des adversaires eut le visage tout rouge et les artères du cou tendues. Le Prophète (paix sur lui) dit : « Je connais une formule qui calmerait cet homme. S'il disait : « Je demande la protection divine contre Satan le damné, il serait débarrassé de ce qu'il éprouve. » »[3]

Le Prophète (paix sur lui) a dit :
« Quand l'un de vous se trouve en colère, qu'il se taise. »[4]

Le Prophète (paix sur lui) a dit :
« Si l'un de vous se trouve en colère, qu'il s'assoie s'il était debout pour chasser la colère. Si celle–ci ne le quitte pas, qu'il se couche. »[5]

---

1   Sourate Al-'Imran, verset 134
2   Rapporté par Al-Bukhârî
3   Rapporté par Al-Bukhârî
4   Authentifié par Al-Albani
5   Authentifié par Al-Albani

D'après Abû Hurayrah :

« Un homme dit au Prophète (paix sur lui) :

« Donne-moi un conseil » ;

« Ne te mets pas en colère », lui dit le Prophète (paix sur lui).

L'homme répéta plusieurs fois la demande et le Prophète (paix sur lui) répéta de le même manière sa réponse. »[1]

---

59. Rire modérément

Le Prophète (paix sur lui) a dit :
« L'excès de rire tue le cœur. »[1]

Le Prophète (paix sur lui) a dit :
« Le serviteur n'aura pas la foi complète jusqu'à ce qu'il délaisse le mensonge dans la plaisanterie et qu'il délaisse la polémique même s'il est véridique. »[2]

Précisions :

L'imam An-Nawawi a expliqué la modération dans le rire et la plaisanterie en disant : « Les savants ont dit que la plaisanterie interdite est celle qui est excessive et incessante, car elle provoque le rire [excessif], le durcissement du cœur, la négligence de l'invocation d'Allah le Très-Haut et de la réflexion sur les questions importantes de la religion [...]. Ce qui est exempt de cela est permis. »

---

1   Authentifié par Al-Albani
2   Authentifié par Al-Albani

60. Délaisser la polémique

Le Prophète (paix sur lui) a dit :

« Je garantis une maison à la périphérie du Paradis à celui qui délaisse la polémique même s'il a raison, une maison au milieu du Paradis à celui qui délaisse le mensonge même s'il plaisante et une maison en haut du Paradis à celui qui améliore son comportement. »[1]

Précisions :

Le shaykh Al-'Uthaymine précise toutefois qu'il ne faut pas délaisser une polémique qui a pour but la victoire de la vérité. Mais cela est une exception.

---

1   Authentifié par Al-Albani

Chapitre 4

Famille & Relations

61. Sourire

Le Prophète (paix sur lui) a dit :
« Un sourire fait à ton frère est une aumône, ordonner le bien ou interdire le mal est une aumône. Orienter un homme ayant perdu son chemin est une aumône, guider l'aveugle dans la rue est une aumône, dégager du chemin ce qui nuit ou gêne est une aumône, verser l'eau de ton seau (que tu viens de remplir du puits) dans le seau de ton frère est aussi une aumône. »[1]

Le Prophète (paix sur lui) a dit :
« Ne sous-estimez pas la bonne action même en offrant de l'eau de ton seau à celui qui en demande ou en accueillant ton frère avec un visage radieux. »[2]

---

1   Authentifié par Al-Albani
2   Rapporté par Muslim

62. Offrir

Le Prophète (paix sur lui) a dit :
« Faites-vous des cadeaux alors vous vous aimerez. »[1]

Aïcha – qu'Allah l'agrée – rapporte :
« Le Messager d'Allah avait pour habitude d'accepter les cadeaux et de récompenser les gens en retour de leur bienfait. »[2]

<u>Précisions :</u>

Le Prophète (paix sur lui) avait l'habitude d'accepter de recevoir les cadeaux et d'offrir en retour quelque chose de valeur égale ou supérieure.

---

1   Authentifié par Al-Albani
2   Rapporté par Al-Bukhârî

63. Visiter les malades

Le Prophète (paix sur lui) a dit :
« Le musulman a cinq obligations vis-à-vis du musulman : lui rendre son salut, lui rendre visite quand il tombe malade, suivre son cortège funèbre, répondre à son invitation, lui dire, quand il éternue : « qu'Allah te fasse miséricorde ». »[1]

Le Prophète (paix sur lui) a dit :
« Donnez à manger à celui qui n'en a pas, visitez le malade et affranchissez les esclaves. »[2]

Le Prophète (paix sur lui) a dit :
« Celui qui rend visite à un malade, baigne dans la miséricorde d'Allah jusqu'à ce qu'il s'assoie. Et quand il s'assoie, la miséricorde le couvrira entièrement. »[3]

Quand le Prophète (paix sur lui) entrait auprès d'un malade pour lui rendre visite, il disait : « Il n'y a pas de mal. C'est une occasion de te purifier de tes péchés. »[4]

Anas Ibn Mâlik – qu'Allah l'agrée – rapporte :
« Un jeune juif servait le Prophète (paix sur lui). Il tomba malade. Le Prophète (paix sur lui) alla lui rendre visite, s'assit du côté de sa tête et lui dit : « Deviens musulman ! »
L'enfant regarda son père qui était près de lui et qui lui dit :
« Obéis à Abu Al-Qassim. ». L'enfant embrassa l'Islam.
Le Prophète (paix sur lui) sortit en disant :
« Louange à Allah qui l'a sauvé du feu. »[5]

---

1   Rapporté par Al-Bukhâri
2   Rapporté par Al-Bukhâri
3   Authentifié par Al-Albani
4   Rapporté par Al-Bukhâri
5   Rapporté par Al-Bukhâri

64. Répondre à l'invitation

Le Prophète (paix sur lui) a dit :

« Le pire des repas est celui offert dans le cadre des réceptions ; on en prive ceux qui en ont besoin et on y invite ceux qui n'en ont pas besoin. Pourtant celui qui ne répond pas à l'invitation désobéit à Allah et à Son Messager (paix sur lui). »[1]

Le Prophète (paix sur lui) a dit :

« Le musulman a cinq obligations vis-à-vis du musulman : lui rendre son salut, lui rendre visite quand il tombe malade, suivre son cortège funèbre, répondre à son invitation, lui dire, quand il éternue : « qu'Allah te fasse miséricorde ». »[2]

Précisions :

Certains savants ont considéré qu'il était obligatoire de répondre à l'invitation si aucune condition ne l'empêche. Il existe cependant d'autres avis qui considèrent cela comme une sunna ou comme étant recommandé.

---

1   Rapporté par Al-Bukhârî & Muslim
2   Rapporté par Al-Bukhâri

65. Cacher les défauts d'autrui

Le Prophète (paix sur lui) a dit :
« Celui qui cache les défauts de son frère, Allah lui cachera ses défauts d'ici-bas et dans l'au-delà. »[1]

Le Prophète (paix sur lui) a dit :
« Personne ne cache les défauts de son frère sans qu'Allah ne lui cache les siens le Jour de la Résurrection. »[2]

Le Prophète (paix sur lui) a dit :
« Celui qui apprend un péché de son frère et le cache, Allah cachera ses péchés le jour de la Résurrection. »[3]

Précision :

Le shaykh Al-Uthaymine a expliqué que pour celui qui s'obstine à chercher les défauts des autres, Allah lui assignera une personne qui fera de même avec lui et qui les répandra. Cela désigne les personnes qui aime trouver des défauts chez les gens car ils se réjouissent de pouvoir les raconter aux autres. Le châtiment peut aussi consister à ce que nos péchés les plus secrets soient dévoilés d'une manière ou d'une autre.

---

1   Rapporté par Muslim
2   Rapporté par Muslim
3   Authentifié par Al-Albani

66. Conseiller

« Allez vers Pharaon : il s'est vraiment rebellé. Puis, parlez-lui gentiment. Peut-être se rappellera-t-il ou [Me] craindra-t-il ? » [1]

« Eh bien, rappelle ! Tu n'es qu'un rappeleur, et tu n'es pas un dominateur sur eux. »[2]

Le Prophète (paix sur lui) a dit :
« La religion c'est le bon conseil »
« Pour qui doit-on le donner ? » demanda-t-on au Prophète.
Il répondit :
« Pour Allah, pour Son Livre, pour Son Prophète (paix sur lui), pour les imâms et pour l'ensemble des musulmans. »[3]

---

1   Sourate Ta-Ha, versets 43-44
2   Sourate Al-Ghashiya, verset 21
3   Rapporté par Muslim

67. Répondre au mal par le bien

« Voilà ceux qui recevront deux fois leur récompense pour leur endurance, pour avoir répondu au mal par le bien, et pour avoir dépensé de ce que Nous leur avons attribué. »[1]

« La bonne action et la mauvaise ne sont pas pareilles. Repousse [le mal] par ce qui est meilleur ; et voilà que celui avec qui tu avais une animosité devient tel un ami chaleureux. Mais [ce privilège] n'est donné qu'à ceux qui endurent et il n'est donné qu'au possesseur d'une grâce infinie. »[2]

---

1   Sourate Al-Qasas, verset 54
2   Sourate Al-Fussilat, versets 34-35

68. Ne pas espionner

« Ô vous qui avez cru ! Évitez de trop conjecturer [sur autrui] car une partie des conjectures est péché. Et n'espionnez pas »[1]

Le Prophète (paix sur lui) monta un jour sur le minbar et cria à haute voix : « Ô ceux qui, de leur bouche, proclament embrasser la foi alors que celle-ci n›a pas pénétré dans leur cœur ! Ne faites pas du tort aux musulmans et ne cherchez pas à déchirer le voile qui couvre les fautes qu'ils commettent en secret, car celui qui cherche à déchirer le voile qui couvre les fautes de son frère, Allah déchirera le voile qui couvre ses propres fautes, et si Allah déchire le voile qui couvre les vices de quelqu'un, Il le dénoncera devant tout le monde même s'il s'est caché dans l'endroit le plus discret de sa maison pour commettre son forfait. »[2]

Précisions :

Le savant Al-'Uthaymine explique que l'espionnage consiste à essayer de découvrir les secrets et la vie privée de l'autre par différents moyens (épier, enregistrer, filmer, etc.). Il ajoute qu'il s'agit d'une pratique interdite car elle nuit à celui qui est espionné et elle entraîne la haine et l'hostilité.

---

1   Sourate Al-Hujurat, verset 12
2   Authentifié par Al-Albani

69. Dire la vérité

« Ô vous qui croyez ! Craignez Allah et soyez avec les véridiques »[1]

« Seuls forgent le mensonge ceux qui ne croient pas aux versets d'Allah ; et tels sont les menteurs. »[2]

« Quel pire injuste donc, que celui qui ment contre Allah et qui traite de mensonge la vérité quand elle lui vient ? N'est-ce pas en Enfer que se trouve le refuge des mécréants ? » [3]

Le Prophète (paix sur lui) a dit :
« Les caractéristiques de l'hypocrite sont au nombre de trois : lorsqu'il parle, il ment. Lorsqu'il promet, il ne tient pas sa promesse. Et lorsqu'on lui confie un dépôt, il le trahit. »[4]

Le Prophète (paix sur lui) a dit :
« Dire la vérité mène au bien, et le bien mène au paradis. L'homme ne cesse de dire la vérité et d'être véridique en toute chose, jusqu'à ce qu'il soit auprès d'Allah comme véridique. Mentir mène à la dépravation, et la dépravation mène à l'Enfer. L'homme ne cesse de mentir et de pratiquer le mensonge jusqu'à ce qu'il soit inscrit auprès d'Allah comme menteur. »[5]

Le Prophète (paix sur lui) a dit : « Quiconque ment à mon sujet volontairement, qu'il prépare sa place en Enfer. »[6]

---

1 Sourate Al-Tawbah, verset 19
2 Sourate Al-Nahl, verset 15
3 Sourate Al-Zumar, verset 32
4 Rapporté par Al-Bukhârî & Muslim
5 Rapporté par Al-Bukhârî & Muslim
6 Rapporté par Al-Bukhârî & Muslim

70. Bien se comporter avec les parents

« Adorez Allah et ne Lui associez personne, et soyez bons avec vos parents. »[1]

« Et on a enjoint l'homme à être respectueux et doux avec ses parents. Sa mère l'a porté avec difficulté et elle continue à le porter avec difficulté. »[2]

« Nous avons commandé à l'homme d'être bienveillant à l'égard de ses parents, car sa mère a enduré de multiples souffrances en le portant dans son ventre, en le mettant au monde et en l'allaitant deux années durant jusqu'au sevrage. Sois donc reconnaissant envers Moi et envers tes parents. Et si tous deux te forcent à M'associer ce dont tu n'as aucune connaissance, alors, ne leur obéis pas ; mais soit avec eux ici-bas de bonne compagnie en te comportant avec eux d'une manière convenable. »[3]

« Et ton Seigneur a décrété : « N'adorez que Lui et faites preuve de bonté envers les père et mère : si l'un d'eux ou tous deux doivent atteindre la vieillesse auprès de toi, alors ne leur dis point « ouf » et ne leur manque pas de respect, mais adresse-leur des paroles affectueuses, et par miséricorde, abaisse pour eux l'aile de l'humilité, et dis : « Seigneur ! Fais-leur à tous deux miséricorde comme ils m'ont élevé tout petit. »[4]

Un homme demanda :

1   Sourate Al-Nissa, verset 36
2   Sourate Al-Ahqaf, verset 15
3   Sourate Luqman, versets 14-15
4   Sourate Al-Isra, versets 23-24

« Oh Messager d'Allah (paix sur lui), qui mérite le plus ma compagnie ? »

Il dit : « Ta mère. »

Il dit : « Puis qui d'autre ? »

Il dit : « Ta mère. »

Il dit : « Et qui ensuite ? »

Il dit : « Ta mère. »

La quatrième fois il répondit : « Puis ton père. »[1]

'Ibn Mas'ûd – Qu'Allah l'agrée – rapporte :

« J'ai dit : « Oh Messager d'Allah (paix sur lui) ! Quelle est l'action la plus aimée d'Allâh ? »

Il dit : « Accomplir la prière à son heure. »

Je dis : « Et ensuite ? »

Il dit : « Être doux et dévoué envers ses parents. »

Je dis : « Et ensuite ? »

Il dit : « Le Jihâd dans le sentier d'Allâh. »[2]

Précisions :

Le savant Al-'Uthaymine explique que les parents ont des droits sur les enfants à cause de ce qu'ils endurent pour eux. Cela est particulièrement valable pour la mère qui souffre beaucoup avant, pendant et après la naissance des enfants. Le père a également une place importante. En effet, il met en œuvre tous les moyens possibles pour s'assurer que ses enfants ne manquent de rien, peu importe ce qu'il doit endurer. Le shaykh ajoute que peu importe nos actions, nous ne pourrons jamais compenser tous leurs droits. Il nous est donc obligatoire d'avoir pour habitude de bien nous comporter envers nos parents et d'être dévoués envers eux.

---

1   Rapporté par Al-Bukhârî

2   Rapporté par Al-Bukhârî

71. Bien se comporter entre époux

« Elles sont un vêtement pour vous et vous un vêtement pour elles. »[1]

Le Prophète (paix sur lui) a dit :
« Qu'un croyant ne déteste pas une croyante. S'il abhorre en elle un trait de caractère, il en aimera un autre. »[2]

Le Prophète (paix sur lui) a dit :
« Les croyants ayant la foi la plus accomplie sont ceux qui ont le meilleur comportement, et les meilleurs d'entre vous sont ceux qui sont les meilleurs envers leurs femmes. »[3]

Le Prophète (paix sur lui) a dit :
« Si je devais ordonner à quelqu'un de se prosterner devant son semblable, j'ordonnerais sûrement à la femme de se prosterner devant son mari. »[4]

Le Prophète (paix sur lui) a dit :
« Si la femme accomplit ses cinq (prières), jeûne son mois (Ramadan), préserve son sexe et obéit à son mari, alors il lui sera dit « Rentre au Paradis par celle de ses portes que tu veux. »[5]

---

1   Sourate Al-Baqarah verset 187
2   Rapporté par Muslim
3   Authentifié par Al-Albani
4   Authentifié par Al-Albani
5   Authentfié par Al-Albani

72. Bien se comporter avec les enfants

Le Prophète (paix sur lui) a dit :
« Craignez Allah et soyez équitables envers vos enfants. »[1]

Un bédouin vint vers le Prophète (paix sur lui) et lui dit :
« Vous embrassez les enfants ! Nous, nous ne le faisons pas. »
Le Prophète (paix sur lui) répondit : « Que puis-je pour toi si Allah a enlevé la miséricorde de ton cœur ? »[2]

Précisions :

Le shaykh Ferkous explique que l'Islam encourage à avoir un comportement exemplaire et à faire preuve de patience avec les enfants, sans être dur ni sévère. En usant de douceur avec l'enfant et en lui apportant l'affection nécessaire, il ne pourra qu'être doux et bienveillant à son tour.

Complimenter l'enfant et reconnaître ses bonnes actions font également partie de la douceur envers eux. Il convient aussi de leur inculquer de bonnes habitudes (alimentaire, vestimentaire, hygiène, etc.) dès le plus jeune âge.

Il va de soi que tous ces principes s'appliquent de manière équitable à tous les enfants du foyer. Aucune différence ne doit être faite entre eux que ce soit dans l'affection, l'amour, le matériel, l'éducation et la protection.

---

1 Rapporté par Al-Bukhârî & Muslim
2 Rapporté par Al-Bukhârî

73. Bien se comporter avec le voisin

« Adorez Allah et ne Lui donnez aucun associé. Agissez avec bonté envers (vos) père et mère, les proches, les orphelins, les pauvres, le proche voisin, le voisin lointain, le collègue et le voyageur, et les esclaves en votre possession, car Allah n'aime pas, en vérité, le présomptueux, l'arrogant. »[1]

Le Prophète (paix sur lui) a dit :
« Jibril n'a cessé de faire des recommandations en faveur du voisin à tel point que j'ai pensé qu'une part de l'héritage leur serait accordé. »[2]

Le Prophète (paix sur lui) a dit :
« Quiconque croit en Allah et au jour dernier, qu'il soit respectueux envers son voisin. »[3]

Le Prophète (paix sur lui) a dit :
« Par Allah il ne croit pas, par Allah il ne croit pas, par Allah il ne croit pas. »
On lui demanda : « Qui Ô messager ? »
Il répondit : « Celui qui n'épargne pas son voisin de lui ».[4]

---

1   Sourate Al-Nissa, verset 36
2   Rapporté par Al-Bukhârî & Muslim
3   Rapporté par Al-Bukhârî & Muslim
4   Rapporté par Al-Bukhârî & Muslim

111

<u>Précisions :</u>

Dans un de ses sermons, le shaykh Abderrazaq Al-Badr nous explique que le voisin est celui dont l'habitation est proche et que l'on a l'habitude de rencontrer. Il possède des droits à notre égard comme le montrent les textes cités. Le shaykh ajoute qu'il arrive que la vanité, l'orgueil et l'arrogance nous empêchent de bien nous comporter avec notre voisin. À l'opposé, la modestie et la foi empêchent de négliger les droits du voisin. Pour finir nous apprenons que le bon comportement du voisin se résume en deux grands points :

- Se montrer respectueux envers lui,
- L'épargner de notre mal.

74. Se mêler de ce qui nous regarde

Le Prophète (paix sur lui) a dit :
« Fais partie du bel Islam d'une personne que de délaisser ce qui ne la regarde pas. »[1]

<u>Précisions :</u>

Le shaykh Al-'Uthaymine a expliqué ce hadith. Il indique que ce texte concerne à la fois notre religion et notre vie d'ici-bas.

Il ajoute qu'il ne convient pas de s'intéresser aux affaires des gens, notamment en posant des questions indiscrètes. Cela fait partie du bel Islam et en cela se trouve également un repos.

En effet, s'occuper des affaires des autres s'accompagne d'une grande fatigue et d'une immense perte de temps. Nous passons donc à côté de choses profitables pour nous. Il est donc préférable de s'occuper de ce qui nous concerne pour éviter ces désagréments.

Le shaykh nous conseille de nous concentrer sur ce qui nous est utile et de délaisser ce qui ne l'est pas. Il constate que de nombreuses personnes tourmentent leurs cœurs et leurs pensées avec les affaires d'autrui. Elles perdent alors des forces qui pourraient les aider à corriger leur propre situation.

---

1   Authentifié par Al-Albani

75. Demander la permission avant d'entrer

« Ô croyants, ne vous introduisez pas sans autorisation préalable dans les maisons d'autrui et sans en saluer les habitants. Si on vous dit de vous retirer, faites-le. Cela relève des règles de la civilité. Allah est au courant de tous vos actes. »[1]

Le Prophète (paix sur lui) a dit :
« Si l'un d'entre vous demande la permission d'entrer trois fois, et qu'on ne la lui donne pas, qu'il s'en aille. »[2]

D'après Ribbiai, un homme issu des Bani Amer lui avait raconté avoir sollicité l'autorisation d'entrer auprès du Prophète (paix sur lui) alors qu'il se trouvait à l'intérieur d'une maison. L'homme avait dit :
« Puis-je entrer ? »
Le Prophète (paix sur lui) dit à son domestique :
« Va apprendre à celui-là comment demander l'autorisation d'entrer. Apprends-lui à dire :
« As-salaamou alaykoum ! Puis-je entrer ? »
Ayant entendu cela, le visiteur dit :
« As-salaamou alaykoum. Puis-je entrer ? »
Le Prophète (paix sur lui) lui a donné sa permission et il est entré. »[3]

---

1   Sourate Al-Nûr, versets 27-28
2   Rapporté par Al-Bukhârî & Muslim
3   Authentifié par Al-Albani

76. Baisser le regard

« Dis aux croyants de baisser leur regard et de garder leur chasteté. C'est plus pur pour eux. Allah est certes parfaitement Connaisseur de ce qu'ils font. »[1]

« Et dis aux croyantes de baisser les yeux et de garder leur chasteté ; de ne montrer de leurs atours que ce qui en paraît. »[2]

« L'ouïe, la vue et le cœur ; sur tout cela on sera interrogé »[3]

Le Prophète (paix sur lui) a dit :
« Il a été écrit pour le fil d'Adam la part d'adultère qu'il commettra, et l'adultère des yeux, est le regard. »[4]

---

1   Sourate Al-Nûr, verset 30
2   Sourate Al-Nûr, verset 31
3   Sourate Al-Isra, verset 36
4   Rapporté par Al-Bukhârî & Muslim

77. Éviter la flatterie

Le Prophète (paix sur lui) entendit un homme faire des louanges excessives à propos d'un tiers. Il dit alors : « Vous avez causé la perte de cet homme. »[1]

On mentionna un homme auprès du Prophète au sujet duquel on dit du bien.
Le Prophète (paix sur lui) dit alors [à celui qui avait parlé] : « Malheur à toi ! Tu as brisé le cou de ton compagnon. »
Il répéta cela à plusieurs reprises. Puis il reprit :
« Si l'un de vous tient absolument à louer quelqu'un, qu'il dise : « Je pense qu'il est comme ceci et comme cela » s'il pense vraiment qu'il est ainsi et Allah Seul lui demandera des coptes. Et c'est en vain qu'on ferait l'éloge de quelqu'un auprès d'Allah [si cet éloge n'est pas justifié]. »[2]

Un homme se mit à faire des éloges de 'Uthman. Miqdad s'avança vers lui, se mit à genoux et lui jeta du gravier sur le visage. 'Uthman lui dit alors : « Pourquoi fais-tu cela ? »
Il répondit : « Le Prophète (paix sur lui) a dit : « Lorsque vous voyez des gens faire des éloges, jetez-leur de la terre au visage. » »[3]

<u>Précisions :</u>

Certains commentateurs sont d'avis que l'exagération dans l'éloge de l'autre est un chemin vers le mensonge. Ils précisent cependant que louer un homme pour ses bonnes actions afin qu'il soit pris comme modèle n'est pas considéré comme de la flatterie.

---

1   Rapporté par Al-Bukhârî & Muslim
2   Rapporté par Al-Bukhârî & Muslim
3   Rapporté par Muslim

78. Éviter les grossièretés

« Allah n'aime pas qu'on profère de mauvaises paroles sauf quand on a été injustement provoqué. »[1]

Le Prophète (paix sur lui) a dit :
« Certes la grossièreté et l'insolence ne font en rien partie de l'Islam et certes les gens dont l'Islam est le meilleur sont ceux qui ont le meilleur comportement. »[2]

Le Prophète (paix sur lui) a dit :
« Insulter un musulman est une perversité et le combattre est un acte de mécréance. »[3]

Le Prophète (paix sur lui) a dit :
« Ce que se disent deux personnes qui échangent des injures est imputable à celle qui en a pris l'initiative, à moins que l'autre ne dépasse les limites [de l'acceptable]. »[4]

Le Prophète (paix sur lui) a dit :
« Le croyant ne doit pas être prompt à remettre en cause les autres ni à les maudire ni à employer un langage injurieux ou grossier. »[5]

---

1 Sourate Al-Nissa, verset 148
2 Authentifié par Al-Albani
3 Rapporté par Al-Bukhârî & Muslim
4 Rapporté par Muslim
5 Authentifié par Al-Albani

117

79. Remercier

« Nous avons commandé à l'homme [la bienfaisance envers] ses père et mère ; sa mère l'a porté [subissant pour lui] peine sur peine : son sevrage a lieu à deux ans. « Sois reconnaissant envers Moi ainsi qu'envers tes parents. Vers Moi est la destination. » »[1]

Le Prophète (paix sur lui) a dit :
« Le fait de mentionner les bienfaits d'Allah est un remerciement et délaisser cela est mécréance. Celui qui ne remercie pas pour la petite chose ne remercie pas pour la grande chose. Celui qui ne remercie pas les gens ne remercie pas Allah. Le groupe est bénédiction tandis que la division est un châtiment. »[2]

Le Prophète (paix sur lui) a dit :
« Celui à qui l'on aura rendu service et qui dira à cette personne :
« Djâzaka Allahu khayran » (qu'Allah te récompense), l'aura pleinement remerciée. »[3]

Le Prophète (paix sur lui) a dit :
« Celui qui ne remercie pas les gens n'a pas remercié Allah. »[4]

---

1   Sourate Luqman, verset 14
2   Authentifié par Al-Albani
3   Authentifié par Al-Albani
4   Authentifié par Al-Albani

80. Saluer

« Quand donc vous entrez dans des maisons, adressez-vous mutuellement des salutations venant d'Allah, bénies et agréables. C'est ainsi qu'Allah vous expose ses versets, afin que vous compreniez. »[1]

« Si on vous fait une salutation, saluez d'une façon meilleure ; ou bien rendez-là simplement. Certes, Allah tient compte de tout. »[2]

Le Prophète (paix sur lui) a dit : « Un musulman a six devoirs à accomplir à l'égard de son frère : s'il le rencontre, qu'il le salue (que la paix soit sur toi), s'il l'invite, qu'il accepte (l'invitation), s'il recherche un conseil, alors qu'il le conseille, s'il éternue et qu'il loue Allah, alors lui dire « Que la miséricorde d'Allah soit sur toi », s'il tombe malade, qu'il lui rende visite et s'il meurt, qu'il le suive (pour ses funérailles). »[3]

Un homme demanda une fois au Messager d'Allah (paix sur lui) : « Quel est le meilleur Islam ? ».
Il lui répondit : « Tu donnes à manger et tu salues ceux que tu connais et ceux que tu ne connais pas. »[4]

Al Miqdâd rapporte : « Nous avions pour habitude de prélever la part du lait qui revenait au Prophète (paix sur lui). Il nous rendait visite la nuit et nous saluait sans réveiller ceux qui étaient plongés dans leur sommeil, mais se faisait quand même entendre par ceux qui étaient éveillés. Une fois, Il nous rendit visite et nous

---

1   Sourate Al-Nûr, verset 61
2   Sourate Al-Nissa, verset 86
3   Rapporté par Muslim
4   Rapporté par Al-Bukhârî & Muslim

salua comme à l'accoutumée. »[1]

1   Rapporté par Muslim

Chapitre 5

Finances

81. Se lever tôt

Sakhr Al-Ghamidi – qu'Allah l'agrée – rapporte :
« Le Prophète (paix sur lui) a dit :
« Oh Allah ! Bénis ma communauté qui se lève tôt. ».
Lorsqu'Il [le Prophète (paix sur lui)] envoyait une compagnie ou une armée Il leur donnait l'ordre de partir au début de la journée (tôt). »
Sakhr qui était commerçant, avait toujours comme habitude d'envoyer sa marchandise en début de journée (tôt). C'est ainsi qu'il s'enrichit et ses biens augmentèrent.[1]

On rapporte qu'Ibn 'Abbas vit l'un de ses enfants dormir au début du matin et lui dit : « Dors-tu à l'heure où l'on répartit les subsistances ? »

---

1   Authentifié par Al-Albani

82. Travailler

Le Prophète (paix sur lui) a dit :

« Il est préférable pour chacun de vous de prendre une corde et de rapporter de la montagne une charge de bois sur son dos pour la vendre et qu'Allah sauve sa face, plutôt que de demander aux gens et que ceux-ci lui donnent ou lui refusent. »[1]

Le Prophète (paix sur lui) a dit :

« Jamais quelqu'un n'a mangé de nourriture meilleure que celle qui provient du travail de ses mains. Le Prophète David mangeait du travail de ses mains. »[2]

---

1   Rapporté par Al-Bukhârî
2   Rapporté par Al-Bukhârî

83. Commercer

« Puis quand la prière est achevée, dispersez-vous sur terre et recherchez [quelque effet] de la grâce d'Allah, et invoquez beaucoup Allah afin que vous réussissiez. »[1]

« Ceux qui mangent [pratiquent] de l'intérêt usuraire ne se tiennent (au jour du Jugement dernier) que comme se tient celui que le toucher de Satan a bouleversé. Cela, parce qu'ils disent : « Le commerce est tout à fait comme l'intérêt ». Alors qu'Allah a rendu licite le commerce, et illicite l'intérêt. Celui, donc, qui cesse dès que lui est venue une exhortation de son Seigneur, peut conserver ce qu'il a acquis auparavant ; et son affaire dépend d'Allah. Mais quiconque récidive... alors les voilà, les gens du Feu ! Ils y demeureront éternellement. »[2]

Le Prophète (paix sur lui) a dit :
« Le vendeur et l'acheteur ont le choix de maintenir ou de revenir sur la vente aussi longtemps qu'ils ne seront pas séparés. S'ils agissent avec sincérité et clarté, leur opération de vente sera bénie. S'ils dissimulent et mentent, on prive leur vente de bénédiction. »[3]

Le Prophète (paix sur lui) a dit :
« Puisse Allah accorder Sa miséricorde à tout homme qui fait preuve de tolérance chaque fois qu'il achète, vend et réclame son dû. »[4]

---

1   Sourate Al-Haqqa, verset 10
2   Sourate Al-Baqarah, verset 275
3   Rapporté par Al-Bukhârî & Muslim
4   Rapporté par Al-Bukhârî

84. Se marier

« Mariez les célibataires d'entre vous et les gens de bien parmi vos esclaves, hommes et femmes. S'ils sont besogneux, Allah les rendra riches par Sa grâce. Car [la grâce d'] Allah est immense et Il est Omniscient. »[1]

Le Prophète (paix sur lui) a dit :
« C'est un devoir pour Allah que d'aider trois personnes : le combattant dans le sentier d'Allah, la personne endettée qui veut rembourser sa dette et celui qui se marie en voulant par cela la chasteté. »[2]

On rapporte qu'Abu Bakr a dit :
« Obéissez à Allah en vous mariant, et Il vous accordera la richesse qu'il vous a promise. »

On rapporte que 'Umar Ibn Al-Khattab a dit :
« Il est étonnant que l'homme ne recherche pas la richesse dans le mariage alors qu'Allah a dit : « S'ils sont besogneux, Allah les rendra riches par Sa grâce. »

On rapporte qu'Ibn Mas'oud a dit : « Recherchez la richesse dans le mariage. »

---

1   Sourate Al-Nûr, verset 32
2   Authentifié par Al-Albani

125

85. Dépenser dans le bien

« Dis : « Mon Seigneur dispense avec largesse ou restreint Ses dons à qui Il veut parmi ses serviteurs. Et toute dépense que vous faites [dans le bien], Il la remplace, et c'est Lui le Meilleur des donateurs. »[1]

Le Prophète (paix sur lui) a dit :
« Allah le Très-Haut a dit : « Ô fils d'Adam, dépense [dans le bien], et Je dépenserai pour toi. »[2]

Le Prophète (paix sur lui) a dit :
« Il n'est pas un seul jour qui se lève sur les serviteurs sans que deux anges descendent. L'un d'eux dit : « Ô mon Dieu, à celui qui fait dépense, donne quelque chose en remplacement. » L'autre dit : « Ô mon Dieu, à celui qui retient son argent, inflige une perte. »[3]

---

1   Sourate Saba, verset 39
2   Rapporté par Muslim
3   Rapporté par Al-Bukhârî & Muslim

86. Dépenser pour l'étudiant en sciences religieuses

Anas Ibn Malik rapporte :

« Il y avait deux frères à l'époque du Messager d'Allah (paix sur lui), l'un deux étudiait auprès du Prophète (paix sur lui) et l'autre travaillait. Celui qui travaillait s'est plaint de son frère auprès du Prophète (paix sur lui), qui lui rétorqua : « Il se peut que ce soit la cause de ta subsistance. »[1]

---

1   Authentifié par Al-Albani

87. Préserver les liens de parenté

Le Prophète (paix sur lui) a dit :

« Quiconque désire que sa subsistance soit abondante et que sa vie soit allongée [ou que sa descendance soit pieuse], qu'il préserve alors les liens de parenté. »[1]

<u>Précisions :</u>

Abderrazak Mahri, auteur de l'ouvrage « Les causes de l'accroissement de la subsistance », explique que le maintien des liens de parenté consiste notamment à :

- visiter les proches
- les aider financièrement si besoin
- les protéger
- être agréable avec eux
- invoquer pour eux.

---

1 Rapporté par Al-Bukhârî

88. Venir en aide aux plus faibles

Le Prophète (paix sur lui) a dit :

« N'êtes-vous pas secouru et pourvu par [la cause et la bénédiction de] vos pauvres et faibles. »[1]

<u>Précisions :</u>

Les savants considèrent que les personnes parmi les plus faibles sont les femmes, les enfants, les personnes âgées, les pauvres, les malades ou encore les étrangers de passage. Leur venir en aide doit donc se faire d'une manière adaptée à chaque cas.

---

1   Rapporté par Al-Bukhârî

89. Faire de l'au-delà son souci principal

« Et commande à ta famille la prière, et fais-la avec persévérance. Nous ne te demandons point de nourriture, c'est à Nous de te nourrir. La bonne fin est réservée à la piété. »[1]

Le Prophète (paix sur lui) a dit :
« Celui qui fait de la vie mondaine son souci principal, Allah dispersera ses affaires et placera la pauvreté entre ses yeux, et il n'obtiendra de cette vie d'ici-bàs que ce que Allah lui a déjà réservé. Celui qui fait de l'au-delà son objectif, Allah lui rassemblera ses affaires et placera sa richesse dans son cœur, et sa part de ce bas-monde que Allah lui a destiné lui viendra inévitablement. »[2]

Précisions :

Abderrazak Mahri, auteur de l'ouvrage « Les causes de l'accroissement de la subsistance », explique que cela ne signifie pas renoncer au travail ni à la recherche de la subsistance. Il convient plutôt d'adorer Dieu en étant présent de corps et d'esprit lors de l'accomplissement des actes culturels.

---

1   Sourate Ta-Ha, verset 132
2   Authentifié par Al-Tirmidhi

90. Faire suivre le Hajj par une 'Omra

Le Prophète (paix sur lui) a dit :

« Faites succéder le Hajj par la 'Omra, car ils éradiquent la pauvreté et les péchés comme le soufflet élimine la scorie du fer, de l'or et de l'argent, et le Hajj agréé n'a d'autre rétribution que le Paradis. »[1]

Précisions :

Abderrazak Mahri explique que ces deux adorations peuvent éliminer la pauvreté chez l'homme de 2 manières :

- Il peut devenir aisé ;
- Il peut voir sa subsistance bénie. C'est-à-dire que ce dont il dispose emplit son cœur de richesse et de contentement. Donc même si extérieurement on peut penser qu'il vit une vie modeste, lui en est satisfait.

---

1   Authentifié par Al-Albani

91. Faire le bien

Le Prophète (paix sur lui) a dit :

« Lorsque le négateur accomplit une bonne action, il en est récompensé par une subsistance qu'on lui assure dans cette vie ; quant au croyant, Allah lui conserve ses bonnes actions pour l'en faire profiter dans la vie dernière tout en lui donnant en échange de son obéissance une subsistance. »[1]

---

1   Rapporté par Muslim

92. Cacher ses projets

Le Prophète (paix sur lui) a dit :
« Favorisez la réussite de vos projets en ne les dévoilant à personne. Car chaque personne qui a un bienfait aura un envieux (jaloux). »[1]

Précisions :

Certains savants, sur la base de ce hadith, expliquent qu'il est préférable de ne pas dévoiler ses projets. Ceci afin d'être à l'abri de la jalousie des envieux.

Le shaykh Al-'Uthyamine explique quant à lui que parler de ses projets à autrui peut aider à obtenir leur soutien. Il ajoute tout de même que nous vivons une époque où la jalousie est très présente et qu'il est donc parfois mieux de s'abstenir de divulguer des informations sur ses projets.

Il conclut en disant qu'il nous incombe de voir où est notre intérêt. Si nous le souhaitons nous pouvons en parler, et si nous ne le souhaitons pas nous n'en parlons pas.

---

1   Authentifié par Al-Albani

93. Ne consommer que le licite

« Ô les croyants ! Craignez Allah ; et renoncez au reliquat de l'intérêt usuraire, si vous êtes croyants. Et si vous ne le faites pas, alors recevez l'annonce d'une guerre de la part d'Allah et de Son messager (paix sur lui). Et si vous vous repentez, vous aurez vos capitaux. Vous ne léserez personne, et vous ne serez point lésés. »[1]

Le Prophète (paix sur lui) a dit :
« Certes l'esprit saint (Gabriel) m'a révélé qu'aucune âme ne mourra tant qu'elle n'a pas complétée son terme de vie et sa subsistance. Ainsi faites preuve de crainte envers Allah et de perfection dans vos demandes et que ne vous pousse pas le manque de subsistance à la rechercher dans la désobéissance d'Allah car certes on obtient ce qui est auprès d'Allah qu'avec son obéissance ».[2]

---

1   Sourate Al-Baqarah, versets 277-278
2   Authentifié par Al-Albani

94. Se maintenir sur le chemin droit

« Et s'ils se maintenaient dans la bonne direction, Nous les aurions abreuvés, certes d'une eau abondante. »[1]

« Si les habitants des cités avaient cru et avaient été pieux, Nous leur aurions certainement accordé des bénédictions du Ciel et de la Terre. Mais ils ont démenti et Nous les avons donc saisis, pour ce qu'ils avaient acquis. »[2]

95. Se montrer reconnaissant envers Allah

« Si vous êtes reconnaissants, très certainement j'augmenterai [Mes bienfaits] pour vous. Mais si vous êtes ingrats, Mon châtiment sera terrible. »[1]

« Il y avait assurément, pour la tribu de Saba' un signe dans leur habitat : deux jardins, l'un à droite et l'autre à gauche. « Mangez de ce que votre Seigneur vous a attribué, et soyez-Lui reconnaissants » : une bonne contrée et un Seigneur Pardonneur. Mais ils se détournèrent. Nous déchaînâmes contre eux l'inondation du Barrage, et leur changeâmes leurs deux jardins en deux jardins aux fruits amers, tamaris et quelques jujubiers. Ainsi les-rétribuâmes-Nous pour leur mécréance. Saurions-Nous sanctionner un autre que le mécréant ? » [2]

---

1   Sourate Ibrahim, verset 7
2   Sourate Saba, versets 15-17

96. Demander pardon à Allah

« J'ai donc dit : « Implorez le pardon de votre Seigneur, car Il est grand Pardonneur, pour qu'Il vous envoie du ciel, des pluies abondantes, et qu'Il vous accorde beaucoup de biens et d'enfants, et vous donne des jardins et vous donne des rivières. »[1]

« Demandez pardon à votre Seigneur ; ensuite, revenez à Lui. Il vous accordera une belle jouissance jusqu'à un terme fixé, et Il accordera à chaque méritant l'honneur qu'il mérite. Mais si vous tournez le dos, je crains alors pour vous le châtiment d'un grand jour. »[2]

« Ô mon peuple, implorez le pardon de votre Seigneur et repentez-vous à Lui afin qu'Il envoie sur vous, du ciel, des pluies abondantes et qu'Il ajoute force à votre force : Et ne vous détournez pas [de Lui] en devenant coupables. »[3]

---

1   Sourate Nûh, versets 10-12
2   Sourate Hûd, verset 3
3   Sourate Hûd, verset 52

97. Craindre Allah

« Et quiconque craint Allah, Il lui donnera une issue favorable. »[1]

« Si les habitants des cités avaient cru et avaient été pieux, Nous leur aurions certainement accordé des bénédictions du ciel et de la terre. Mais ils ont démenti et Nous les avons donc saisis, pour ce qu'ils avaient acquis. »[2]

---

1   Sourate Al-Talaq, versets 2-3
2   Sourate Al-A'raf, verset 96

98. Appliquer ce qui a été révélé

« S'ils avaient appliqué la Thora et l'Evangile et ce qui est descendu sur eux de la part de leur Seigneur, ils auraient certainement joui de ce qui est au-dessus d'eux et de ce qui est sous leurs pieds. Il y a parmi eux un groupe qui agit avec droiture ; mais pour beaucoup d'entre eux, comme c'est mauvais ce qu'ils font ! »[1]

On rapporte que le Prophète (paix sur lui) a dit : « Une prescription d'Allah appliquée sur terre est meilleure pour ses habitants que 40 jours de pluies. »[2]

---

1   Sourate Al-Ma'ida, verset 66
2   Authentifié par Al-Albani

99. Demander la protection contre la pauvreté

Le Prophète (paix sur lui) a dit : « Je cherche protection auprès de Toi contre l'épreuve de la pauvreté. »[1]

---

1   Rapporté par Al-Bukhârî

100. Placer sa confiance en Allah

« Et quiconque place sa confiance en Allah, Il (Allah) lui suffit. Allah atteint ce qu'Il Se propose, et Allah a assigné une mesure à chaque chose. »[1]

On rapporte que le Prophète a dit (paix sur lui) a dit : « Si vous placiez votre confiance en Allah comme Il le veut véritablement, Il vous donnerait votre subsistance comme Il l'a donnée aux oiseaux, ils partent le matin le ventre vide et reviennent le ventre plein. »[2]

Précisions :

Abderrazzaq Mahri, auteur du livre « Les causes de l'accroissement de la subsistance », explique que la confiance en Allah consiste à détacher son cœur des créatures et de s'en remettre à Allah Seul concernant nos affaires.

Il précise toutefois que cela n'exclut pas le fait de mettre en œuvre les moyens qui nous permettent d'atteindre ce que nous désirons. En effet, dans le Coran, Allah a établi un lien de cause à effet entre le fait de parcourir la terre et le fait d'acquérir notre subsistance :

« C'est Lui qui vous a soumis la terre : parcourez donc ses grandes étendues. Mangez de ce qu'Il vous fournit. Vers Lui est la Résurrection. »[3]

---

1   Sourate Al-Talaq, verset 3
2   Authentifié par Al-Albani
3   Sourate Al-Mulk, verset 15

141

Prologue

Merci d'avoir lu ce livre jusqu'au bout. J'espère qu'il vous aidera à améliorer votre vie, ne serait-ce qu'avec un seul de ces principes.

Louange à Allah, Seigneur des Mondes, et que la Prière et la Paix d'Allah soient sur notre Prophète Muhammad, sur sa famille et Ses Compagnons.

Sources bibliographiques

Livres :

Leçons de Tawhid - Shaykh Muhammad Al-Wusâbî
Usool Al-Hadith - Dr Abu Ameenah Bilal Philips
Kun Salafiyan 'Alâ Al Jâddat - Shaykh As-Souhaymi
Le Livre de la Science – Muhammad ibn Salih Al 'Utheymin
Le Jardin des vertueux – Imam An-Nawawi
Al-Mulakhkhass Al-Fiqhi – Docteur Sâlih Al-Fawzân
Initiation à la foi musulmane –Muhammad Al-'Uthaymîn
L'histoire des compagnons et des pieux prédécesseurs
Nuzûl 'Îsâ fî Âkhiru Zamân.
Charh Boulough Al Maram
Khutba Cheikh 'Abder Razzâq Al 'Abbâd Al Badr
Le Paradis – Ibn Al-Qayyim
L'Enfer – Ibn Rajab
Les péchés capitaux – Imam Adhahabi – Éditions Al-Fajr
L'authentique de la médecine prophétique – Ibn Al-Qayyim
Les sentiers des itinérants – Ibn Al-Qayyim
Mode d'emploi pour être heureux – Shaykh As-Sa'di.
Les maladies psychologiques – Dr. Ait M'hammed Moloud
Sharh ul-'Aqîdat-il-Wâsitiyyah par Shaykh ibn al-'Uthaimîn
L'éducation des enfants – Shaykh Ferkous
Les causes de l'accroissement de la subsistance - Abderrazak
Mahri

Sites :

www.3ilmchar3i.net
www.el-ilm.net
www.hadithdujour.com
Islam House

Islam QA
www.manhajulhaqq.com
www.ajib.fr